VOCÊ SABE COM QUEM ESTÁ FALANDO?

ESTUDOS SOBRE O AUTORITARISMO BRASILEIRO

VOCÊ SABE COM QUEM ESTÁ FALANDO?

ESTUDOS SOBRE O AUTORITARISMO BRASILEIRO

ROBERTO DAMATTA

Rocco

Copyright © 2020 by Roberto Augusto DaMatta

Direitos desta edição reservados à
EDITORA ROCCO LTDA.
Rua Evaristo da Veiga, 65 — 11º andar
Passeio Corporate — Torre 1
20031-040 — Rio de Janeiro — RJ
Tel.: (21) 3525-2000 — Fax: (21) 3525-2001
rocco@rocco.com.br
www.rocco.com.br

Printed in Brazil/Impresso no Brasil

Preparação de originais
PEDRO KARP VASQUEZ

Posfácio de
Peter Fry, Yvonne Maggie e Maria Laura Viveiros de Castro Cavalcanti

CIP-Brasil. Catalogação na publicação.
Sindicato Nacional dos Editores de Livros, RJ.

D161v   DaMatta, Roberto, 1936-
Você sabe com quem está falando?: estudos sobre o autoritarismo brasileiro / Roberto DaMatta. – 1. ed. – Rio de Janeiro: Rocco, 2020.

ISBN 978-65-5532-050-3
ISBN 978-65-5595-035-9 (e-book)

1. Antropologia – Brasil. 2. Antropologia Social. 3. Evolução do comportamento. 4. Comportamento humano. I. Título.

20-67059   CDD: 306
                 CDU: 572.028

Camila Donis Hartmann – Bibliotecária – CRB-7/6472

O texto deste livro obedece às normas do
Acordo Ortográfico da Língua Portuguesa.

Para Paulo Roberto Rocco

Sumário

Introdução *9*

Você sabe com quem está falando? Um ensaio sobre a distinção entre indivíduo e pessoa no Brasil *21*

A mão visível do Estado: Notas sobre o sentido social dos documentos na sociedade brasileira *109*

Individualidade e liminaridade: Considerações sobre os ritos de passagem e a modernidade *151*

Homenagem em três dimensões ao mestre Roberto DaMatta, à guisa de posfácio *183*

Um Brasil lido por ele mesmo — Peter Fry *185*

Ele nos trouxe a "boa-nova" — Yvonne Maggie *188*

A antropologia precursora de Roberto DaMatta — Maria Laura Viveiros de Castro Cavalcanti *192*

Bibliografia *198*

Introdução

No dia 28 de novembro de 2019, Maria Laura Cavalcanti, Yvonne Maggie, Peter Fry e Valter Sinder, colegas de magistério, realizaram na Pontifícia Universidade Católica do Rio de Janeiro um encontro comemorativo dos 40 anos do meu livro *Carnavais, malandros e heróis: Para uma sociologia do dilema brasileiro*. Fiquei emocionado com generosidade do reconhecimento, que agradeci de todo o coração, mas preciso — como dizem os meus netos e alunos — dar um tempo para avaliar as quatro décadas de um livro escrito contra a corrente da época por um jovem na força dos seus quarenta anos. Uma interpretação socioantropológica do Brasil, cujo início é o estudo do Carnaval como um ritual de inversão igualitária e terminava considerando os malandros e os renunciadores do mundo com seus heroísmos ambíguos e tendo, como parte central, uma investigação pioneira do "Você sabe com quem está falando?" como um ritual de reforço da hierarquia, um ensaio que desnudava a nossa alergia à igualdade e apontava uma afinidade de raiz com a gradação, a hierarquia e a nossa consciência de lugar. Esses avatares daquilo que os politicólogos chamam de "autoritarismo". Esse viés que nos persegue e que está sempre pronto a entrar em cena como um expressivo repressor dos valores republicanos.

Esse ensaio forma o núcleo daquele livro, repete-se norteando o meu pensamento em outros trabalhos e, neste volume que o leitor está prestes a ler, é reproduzido com algumas modificações. Numa sociedade na qual a leitura se reduz a um contingente cada vez menor, a verdadeira ventura da mencionada generosa homenagem não se detinha em somente ouvir o que se dizia sobre o livro quarentão, mas redescobrir como a obra — mesmo depois de quatro décadas de sua publicação — ainda ressoava já que a sua intenção era uma visada do Brasil por meio de suas rotinas e seus rituais e, reitero, dos seus heróis modelados por Pedro Malasartes, o seu paradigmático malandro, e por Augusto Matraga, um exemplar renunciante criado pelo gênio de Guimarães Rosa.

Eu sou de um tempo em que se dizia que a Amazônia era um peso morto, que o Brasil não tinha petróleo, que o enorme e arenoso sertão de mata esparsa e rasteira do Brasil Central era incultivável, e que — como disse Otto Lara Resende — o Brasil não tinha tufão, nevasca, vendaval ou furação, mas tinha inflação.

Derrotamos — graças ao governo FHC — a inflação, instituímos, com as sérias dúvidas dos extremistas de um lado e do outro, um Regime Democrático de Direito fundado na igualdade de todos perante a lei, mas não nos livramos do "Você sabe com quem está falando?".

Esse ritual visto como um detalhe obsoleto quando eu o estudei nos anos 1970, hoje recorre com o azedume, a força e a surpresa das coisas reprimidas, já que pelo tempo de experiência democrática nacional ele deveria estar morto e enterrado. Mas eis que sua recorrência traz de volta o amordaçado "tempo do rei" das *Memórias de um sargento de milícias* de Manuel Antônio de Almeida.

Aquela sociedade de senhores e escravos, de infindáveis demandas legais, de fidalgos de valimento, ciganos e feiticeiros, bem como de um menino enjeitado e de um dono absoluto da lei. Eis um universo social que julgávamos enterrado no qual todos sabiam (ou deveriam saber) que falavam com o Major Vidigal. Seja porque eram escravos africanos, seja porque eram membros de uma aristocracia de tamancos em cujo topo reinava o soberano de uma dinastia fugida de Portugal.

Uma linhagem que transformou o Rio de Janeiro e o Brasil na capital do Reino Unido de Portugal, Brasil e Algarves e num centro do tráfico de mortos sociais, esses escravos africanos que ancoram e cimentam o lado mais opaco desse forte esqueleto hierárquico que é a marca do "Você sabe com quem está falando?".

Essa cruel cerimônia de restabelecimento de desigualdades até hoje inabalável no Brasil sociedade. O Brasil pouquíssimo visto e analisado dos favores, empenhos, pistolões, dinastias familiares no governo e em todos os outros campos. Brasil que, justamente por ser ignorado dos estudos prolíficos e econômicos, ressurge como um pesadelo recorrente, atrapalhando e interferindo nas normas límpidas e claras que constituem o seu outro lado.

O lado do Brasil encarnado como Estado nacional. Esse Brasil como "governo" e governado por "eleitos" — imediatamente transformados em donos do poder, conforme tentou ensinar Raymundo Faoro —, "gente graúda" que controla milhares de cargos privilegiados e interfere nas demandas jurídicas, nas promotorias e nas múltiplas polícias.

Esse Brasil formal e impessoal da Constituição Federal e dos hierarquizados tribunais (por contraste com o Brasil dos costumes não escritos, hábitos do coração, como diziam Rousseau e Tocqueville). Brasil desenhado por e para uma elite "branca", que, sem deixar de controlar a morada, tinha agora a obrigação republicana de governar, disciplinar, ensinar, curar e corrigir (muitas vezes duramente, como asseguravam os subsociólogos da época) os seus costumes patriarcais e sem teoria e data de origem. Hábitos que seriam inibidos ou liquidados naturalmente na medida em que o progresso fosse uma ordem.

Neste livro, eu estudo reiteradamente o encontro desses Brasis. Um encontro sempre dramático porque a suposição corrente e inconsciente é a de que o "Brasil republicano" nascido de um império patriarcal e escravocrata iria transformar inapelavelmente o outro. Como se o teatro republicano fosse, além de um novo regime, também receber um novo conjunto de protagonistas que, uma vez empossados, deixariam de ser nossos parentes, compadres e vizinhos. Agora, todos seriam "cidadãos" de um sistema presidido pelo ideal da igualdade de todos perante a lei.

Contudo, como se revela aqui, o único modo de reordenar a vida social seria por meio das pontes entre o Brasil da casa, comandada pelos nossos pais, pelos nossos amigos, compadres e parentes, e o do mundo público da rua. Foi esse encontro que engenhou tanto o "Você sabe com quem está falando?" quanto o "jeitinho" (estudado por Livia Barbosa) — ao lado do pistolão, do favor, do empenho, do empréstimo sem juros de um banco oficial —, tudo o que a desigualdade e a incompetência exprimem cada vez com mais vigor como incompatíveis e insustentáveis como hábitos corriqueiros — esses hábitos que, com embaraço, descobrimos estar na base de outro bandido nacional: a corrupção que não pode mais ser mistificada como malandragem. Uma corrupção sempre inteligível, sempre tolerável e em toda parte legitimada como uma ação entre amigos, correligionários, companheiros ou partidários para o bem do Brasil.

Dessa perspectiva, o "Você sabe com quem está falando?", bem como as distorções da burocracia expressa nos documentos, e na dialética entre o coletivo e o individual que formam os capítulos deste livro, são reveladores da dialética entre desigualdade e igualdade como valores capazes de, em situações específicas, promover conflito e mal-estar. Tal indecisão relativamente aos ideais patriarcais-escravocráticos, em contraste e conflito com um estilo de vida republicano, é, sem sombra de dúvida, o cerne do dilema brasileiro e de outras sociedades nas quais o contexto, as relações e as circunstâncias saem de cena e dão lugar a estatutos formais ou, conforme ensinou Max Weber, burocráticos. E, eu diria hoje com mais serenidade e menos panfletismo, ser esse o cerne do dilema de todo o projeto cosmológico de sistemas sociais mais densos, os quais transitam misturando as weberianas formas de dominação — a tradicional (família e casa), a carismática (elos íntimos com uma entidade abstrata e mística, como uma deidade ou talento e exotismo irracional caso dos racismos fascistas) e a burocrática —, esse estilo no qual estamos todos enrascados, conforme previu Max Weber e, na literatura — fiquemos com alguns dos grandes —, Franz Kafka, Machado de Assis e Thomas Mann.

Esse é o tema e, reitero, o dilema que — com a ingenuidade atrevida dos jovens — estudei nos ensaios aqui reunidos.

— II —

Numa conversa que tive com o famoso brasilianista Richard Moneygrand, na qual falávamos da nossa visão do Brasil, o grande especialista em brasileirismos fez uma pausa para dizer a um surpreso jovem antropólogo niteroiense o seguinte: "O problema, Roberto, é que nós gostamos do Brasil!"

De fato, há autores nos estudos brasileiros realizados por brasileiros que escrevem para consertar e propor correções; e há aqueles que preferem a compreensão, suspendendo ou até mesmo rindo da bula, como fez o Jorge Amado dos *Os velhos marinheiros* e de *Dona Flor e seus dois maridos*. De saída, esclareço que consertar, mudar e transformar são — ao contrário dos que se pensam os engajados mesmo quando eles tomam parte em qualquer governo — irmãos siameses do compreender. Na minha cabeça e no meu antigo coração de octogenário, nenhum brasileiro escreveu sobre o Brasil sem um profundo amor e um admirável respeito por sua terra. Certamente, e com todo o direito, muitos usaram fórmulas que tudo resolviam. Assim foi com os eugenistas e os racistas do século XIX e com os "marxistas" certamente deterministas, evolucionistas e formalistas treinados pela vulgata do comunismo soviético da primeira metade do século passado. Em ambos os casos, era óbvio que o Brasil era malformado e doente, tendo o seu nobre povo aprisionado por senhores feudais, coronelistas, capitalistas gananciosos e corruptos; uma elite diabolicamente esperta e malvada que aprisionava o povo e a sociedade.

A lição que se tira da proposta de branqueamento — tornar o Brasil mais claro e mais passável aos olhos franceses — não é estruturalmente diferente daquela que propunha uma estatização completa e paradoxal do próprio Estado. Em ambos os casos, o engano maior e mais grave é o do reducionismo a uma causa ou tema exclusivo — raça num caso, classes em luta inútil contra a ganância capitalista, no outro.

Em ambos os projetos, o motivo seria o reacionarismo de uma "elite" abstrata, tida como vilã e bandida: um fantasma social sem começo ou fim ao qual muitos dos estudiosos pertenciam e que, no século passado, chegaram ao poder e nele sofreram as coerções e os desapontamentos de seus limites e inerentes dificuldades. É importante notar como essa busca de soluções exclusivas e definitivas, essas fantasias de solução totalizada e totalitária tinham como ponto inicial um mapa biológico darwinista e, como ponto de fuga ou de chegada, fatores econômicos e políticos como chaves mestras — ou definitivas — para o chamado "problema brasileiro".

Embora todos falem em "política", essas soluções eliminam o discernimento político desviante. É curioso que não se tenha notado como o determinismo das teorias acabadas liquidava o protagonismo humano ou político desses projetos, os quais, na verdade, eram contrários ao campo político, esse campo marcado pelo debate e pela possibilidade de ganhar ou perder. E jamais de ganhar, aprendendo com (e não contra) a perda.

Penso, portanto, que a observação do professor Moneygrand tinha como foco uma atitude na qual costumes, hábitos, manias, práticas, cotidianos, rotinas, rituais, festas, sexualidades, gostos, preferências, sentimentos, desejos, comidas, malandragens, simpatias, mentirinhas, sacanagens — numa palavra, a **cultura** ou a cosmologia, no sentido clássico estabelecido por Franz Boas — tinham que ser considerados e eram tão, em muitos contextos, importantes quanto a obsessão reducionista de toda a vida social ao político e ao econômico.

O "gostar do Brasil", então, não significaria aceitá-lo nas suas injustiças, equívocos e incompetências, e sim ter plena consciência do protagonismo de instituições e de gestos humildes, tidos e realizados como naturais ou parte da própria vida nos dramas governamentais, descobrindo suas influências, ou melhor, suas implicações. Tal como as pontes, elas podem promover estranheza, decepção ou — ao contrário — orgulho ou malandra simpatia, mas é importante vê-las não apenas como atrasos ou crimes mas *também* como sinais daquilo que o sistema precisa equilibrar com realismo sociológico e cultural. No regime ferozmente escravista, por exemplo, a simpatia, a inteligência e o amor, que contrariavam os preconceitos das segmentações desumanas, eram hóspedes não convidados. Do mesmo modo e pela mesma lógica dos imprevistos e ironias, regimes destinados ao povo trabalhador foram minados por imprevistas ambições e amizades entre empreendedores burgueses capitalistas e lideranças populistas sindicais que resultaram em imorais negociatas.

O "gostar" é também e sobretudo um modo de relativizar o idealismo formal das teorias acabadas. É descobrir, como faço nestes ensaios, as ironias reveladoras de como os holofotes teóricos e ideológicos não estão isentos de produzir suas sombras.

Essas zonas opacas têm como base o modo pelo qual cada estudioso entra no sistema social do Brasil. Se ele entra, como remarco no meu livro, *Relativizando: uma introdução à antropologia social*, pela porta principal, através da pesquisa de agências do Estado e do governo, e de suas estruturas formais e impessoais; ou seja, pelo universo da "rua", ele enxerga mais nitidamente os erros e distorções ao mesmo tempo que objetivamente simpatiza com tal ou qual dimensão política ou econômica. Mas se ele entra no Brasil por seus porões e portas dos fundos, como é comum nas antropologias, pelos seus costumes mais humildes e triviais, fica muito mais difícil julgar e muito mais fácil compreender o papel das encruzilhadas. É mais fácil corrigir taxas de juros do que as quotas de saudade ou o gosto pelo carnaval e pela feijoada...

No estudo da vida pública, pode-se medir objetivamente o desempenho financeiro ou a inflação, mas como dar conta das simpatias e dos limites de eleitos para cargos cruciais, bem como de suas relações com sua família e amigos? Só o campo religioso pode produzir uma solução cabal sobre condutas morais inexoráveis ou até mesmo incomensuráveis, pois os dois lados têm razão, como diz o Fernando Pessoa, que uso como epígrafe do livro *Carnavais, malandros e heróis*. Um tema crítico neste nosso mundo no qual sabemos do aquecimento global, mas não legislamos sobre como, quando, onde e quanto devemos usar o nosso ar-condicionado. Disciplinamos tudo menos, como já havia dito Freud, os códigos dos desejos, e, como eu tenho ressaltado no meu trabalho, a reciprocidade imbrincada na nossa ética familista que contradiz e anula os credos ideológicos que deveriam inibi-los.

Infelizmente, porém, para uma visada sociológica superficial, esses costumes não acabam com mudanças de regime político, viés partidário ou leis. De fato, e como não poderia deixa de ser, eles têm uma enorme densidade e um denso protagonismo no teatro social. A novidade do estudo do *"Você sabe com quem está falando?"* foi que ele explicitou incômoda e surpreendentemente esse ponto.

Seria tal ausência de percepção um sinal de que nada muda, como pensam alguns? Não. Mas seria, isso sim, um sinal de que mudanças não são fáceis numa sociedade cujos intelectuais pensam de modo formal e legal, sempre de fora para dentro, e, neste sentido profundo, não levam a sério que a investigação do Brasil por meio da senzala e da casa grande não é sinal de reacionarismo. É sinal de que as relações feitas na intimidade da morada entrecortam, cruzam e renegam as posições legais juridicamente impessoais e singulares. Posições cuja lealdade são válidas somente para com o Brasil como país ou Estado nacional. Senão não haveria abuso sexual, ex-escravos donos de escravos, monarquistas republicanos, bilionários *soi-disant* socialistas, putas que gozam, liberais familistas, fascistas de esquerda e tantos fuxiqueiros profissionais...

Numa palavra. Se você olhar o Brasil como república ele é uma vergonha; se você o enxergar como morada ele continua deixando a desejar, mas você o vê menos falso, profético e bíblico. Se os estudiosos do Brasil por meio da casa tiveram mais desconforto com o vezo e a ingenuidade de supor que leis ou partidos políticos transformam magicamente estruturas sociais seculares, os que pesquisaram somente o lado formal do país sofreram com esses "sabe com quem estão falando" sociológicos, que, em tese, seriam inexplicáveis ou meros acidentes. Neste contexto, vale lembrar uma sábia admoestação de Gilberto Freyre quando ele diz — em *Ordem e Progresso* (pág. 738 da edição José Olympio de 1959) — o seguinte: a "República de 89 tudo transformou e modernizou as coisas e as técnicas sem cuidar ao mesmo tempo da adaptação dos homens ou das pessoas às novas situações criadas pela ampliação tecnológica da vida brasileira".

— III —

Nas páginas que seguem, o leitor encontrará três ensaios tematizados pelo que foi mencionado nas seções anteriores.

O primeiro, sobre o "Você sabe com quem está falando?", é, sem sombra de dúvida, a matriz e o ponto de partida para os outros e — hoje enxergo isso — para toda uma obra.

Este ensaio veio inicialmente a público como uma conferência proferida na X Reunião Brasileira de Antropologia, realizada em Salvador, entre 22 e 25 de fevereiro de 1976. Não posso deixar de registrar aqui o meu agradecimento ao saudoso e querido professor e colega Thales de Azevedo pelo honroso convite.

O agressivo ritual que interroga, indicando superioridade hierárquica e pondo o interlocutor no seu "devido lugar", não surgiu de um texto teórico de nenhum americano, francês, inglês ou alemão. Ele foi inspirado por uma decepcionante experiência pessoal numa universidade quando eu, como um jovem diretor substituto do Programa de Pós-Graduação em Antropologia Social do Museu Nacional, fui sumariamente repelido por um sub-reitor na base do "hoje eu não tenho tempo para atendê-lo!" e está acabado o assunto. Tal evento, e a tempestade de sentimentos que suscitou, foi descrito em um dos meus diários. Ele ocorreu no dia 5 de fevereiro de 1971 e serve para sublimar a má-vontade e o choque do autoritarismo inteiramente inconsciente recebido de meu superior burocrático que cumpria um pedaço de seu papel, posto que éramos colegas como professores de uma mesma instituição. Ao sair da reitoria e chegar ao meu gabinete no Museu Nacional (o museu que pegou fogo), anotei o que me chocou e posteriormente elaborei antropologicamente o que sofri como subordinado. Naquela época, com meus valentes trinta e cinco anos, eu não tinha a consciência aguda da minha decepção. Hoje percebo que tal estranhamento veio porque vivi uma vida tendo como referência três sociedades.

A primeira delas foi com, como se diz hoje em dia, ameríndios Gavião e Apinayé. A segunda, foi a vivência com o sistema universitário de ensino e pesquisa americano, e, por último mas de modo algum em último, pela identidade brasileira em mim nucleada, imanente e inapagável. Sem ter a possibilidade de tudo aquilatar por meio de três lentes morais ou culturais, eu jamais teria elaborado o que vivi na universidade como um ensaio interpretativo de um ritual brasileiro autoritário, obviamente fascistoide, mas notável e — se alguém tem a igualdade perante a lei como valor — vergonhosamente rotineiro e plenamente inconsciente. Sem ter vivido em sociedades nas quais todos sabiam com quem falavam (caso dos índios); sem uma vida em Cambridge, Massachusetts, onde ninguém ficava nervoso em filas, onde todo mundo é "you"; onde alunos discordavam abertamente dos professores e o ensino e os livros eram fundamentais, eu não teria tido uma consciência tão aguda e traumatizante do gesto que reforçava a desigualdade e o fosso que separavam os papéis do sub-reitor presunçoso e o do jovem professor imbuído a contragosto no cargo de diretor de um programa de pós-graduação de uma disciplina que o administrador nem sequer conhecia.

O que o leitor vai encontrar nessas páginas é, portanto, o mais puro e autêntico exercício sociológico. Não é uma aplicação mecânica de um modelo consagrado a situações construídas. É o desvendamento por dentro (e não do batido e usual de fora para dentro), com uma óbvia e potente ajuda teórica, de um ritual de rebaixamento que fuzila expectativas igualitárias, de documentos cruciais de um mundo nacionalizado e globalizado que dizem quem somos oficialmente e, por fim, de um ensaio comparativo e consciencioso das ironias humanas nas quais o positivo no indivíduo-cidadão torna-se negativo em certas coletividades nas quais dele se espera uma fidelidade inabalável. Se, entre nós, a unidade social é sempre representada como algo indiviso na sua vontade e direitos, em outros lugares ela é sempre mutável e dividida como nas velhas fotografias e textos. Nela, ser e manter-se indivisível é prova de indiferença às normas capitais do dar para receber — essa lei que, para ser posta em prática, necessariamente divide.

Aos quarenta anos, tudo isso tem um valor profissional e pessoal inenarrável. Aos oitenta, o entusiasmo perdura, mas a grata e benévola ausência de futuro permite ver com nitidez que os avanços feitos no passado não garantem em nada o futuro.

Jardim Ubá, 21 de setembro de 2020

1
Você sabe com quem está falando?
Um ensaio sobre a distinção entre indivíduo e pessoa no Brasil

A fórmula máxima da expressão "Você sabe com quem está falando?" é usada — em entornos anônimos — para realizar uma separação radical de relações sociais. Por meio de um questionamento paradoxal (pois quem a usa está interagindo conosco), ela distingue, de modo inesperado e violento, papéis sociais. Talvez por isso essa maneira de dirigir-se ao outro, tão popular entre nós, seja sistematicamente excluída dos roteiros — sérios ou superficiais — que visam definir os traços essenciais de nosso caráter enquanto povo e nação.[1]

O "Você sabe com quem está falando?", além de não ser motivo de orgulho para ninguém — dada a sua carga considerada *antipática* e *pernóstica* —, fica escondido de nossa autoimagem como um modo indesejável de ser brasileiro, pois é revelador do nosso formalismo e da nossa maneira velada (e até hipócrita) de demonstração dos nossos mais graves preconceitos.

De fato, como veremos a seguir, o ritual do "Você sabe com quem está falando?" nos coloca muito mais do lado das escalas hierárquicas e dos "caxias" — que sistematicamente queremos

---

[1] De fato, a expressão está ausente — e significativamente ausente — de dois estudos dedicados às locuções brasileiras. Refiro-me aos livros dos eméritos Luís da Câmara Cascudo: *Locuções tradicionais no Brasil*. Recife: Universidade Federal de Pernambuco, 1970; e Raimundo Magalhães Júnior. *Dicionário brasileiro de provérbios, locuções e ditos curiosos*. Rio de Janeiro: Editora Documentário, 1974.

esconder ou, o que dá no mesmo, achamos que não temos a necessidade de mostrar, pois "cada qual deve saber o seu lugar" — do que das associações espontâneas, livres e amorosas dos futebóis, cervejas no bar, carnavais e samba.

Todos nós sabemos que a expressão é o reflexo ritualizado e quase sempre dramático de uma agressiva separação social que nos coloca bem longe da figura do "malandro" e dos seus expedientes de sobrevivência social. Pois o "Você sabe com quem está falando?" é a negação do "jeitinho", da "cordialidade" e da "malandragem", traços sempre utilizados para definir, como fez Sérgio Buarque de Holanda (1973), o nosso modo de ser e, até mesmo, como sugeriu Antonio Candido (1970), para marcar o nascimento de nossa literatura.

Pelo reconhecimento social extensivo e intensivo em todas as camadas, classes e segmentos sociais; em jornais, livros, histórias populares, anedotário e revistas, a forma de interação balizada pelo "Você sabe com quem está falando?" parece estar implantada — ao lado do Carnaval, do jogo do bicho, do futebol e da malandragem — em nosso coração cultural.

O que ela não tem é uma data fixa e coletivamente demarcada para seu uso ou aparecimento. Temos, então, dois traços muito importantes no "Você sabe com quem está falando?".

O primeiro deles é o aspecto oculto ou latente do uso (e aprendizado) da expressão, que é quase sempre vista como um recurso escuso ou ilegítimo à nossa disposição. Temos orgulho e ensinamos samba e futebol, falamos da praia, da mulher, das nossas informalidades e aberturas (certamente indicadoras de nossa vocação de fato democrática), mas jamais estampamos diante da criança ou do estrangeiro o "Você sabe com quem está falando?". Muito ao contrário, chegamos até a proibir o seu uso como indesejável, embora isso seja feito somente para utilizar essa execrável formalidade na primeira situação no dia seguinte. Consideramos a expressão como parte do "mundo real" ou da "dura realidade da vida", um recurso ensinado e infelizmente ativado no mundo da rua, esse universo de cruezas que separamos e defendemos do nosso "lar", da nossa "morada", da nossa "casa".

O mundo da rua faculta e estimula usar o "Você sabe com quem está falando?", mas não incorporamos o rito na pesada bagagem intelectual utilizada para tomar consciência do nosso universo social. Entende-se então porque o "Você sabe com quem está falando?" não é levado a sério em nossas reflexões sobre nós mesmos, sejam elas eruditas ou de senso comum, do mesmo modo que ela ainda não deu letra de samba.

O segundo traço do "Você sabe com quem está falando?" é que a expressão remete a uma vertente indesejável da cultura brasileira. Pois o autoritarismo do ritual sugere uma situação conflitiva, e a sociedade brasileira parece ser avessa ao conflito. Não que com isso ele seja eliminado. Ao contrário, como toda sociedade dependente, colonial e periférica, o Brasil tem um alto nível de conflitos e crises. Mas entre a existência da crise, de sua negação e do seu reconhecimento existe um vasto caminho a ser percorrido. Há formações sociais que logo enfrentam suas crises, tomando-as como parte intrínseca da vida política e social, enquanto em outras a crise e o conflito são inadmissíveis. Numa sociedade, a crise mostra algo a ser corrigido; noutra, ela representa o fim de uma era ou um sinal de catástrofe.

Tudo indica que, no Brasil, concebemos os conflitos como presságios de fim do mundo e como fraquezas — o que torna difícil admiti-los como parte de nossa história, sobretudo nas suas versões oficiais e necessariamente solidárias. Tomamos, então, o partido de sempre privilegiar nossas vertentes mais universalistas e cosmopolitas, deixando de lado a visão mais percuciente e genuína dos nossos problemas.

Aliás, seria mais correto dizer — mesmo sob pena de estarmos realizando uma digressão longa e prematura — que as camadas dominantes e vencedoras sempre adotam a perspectiva da solidariedade, ao passo que os dissidentes e dominados assumem sistematicamente a posição de denunciar o conflito, a crise e a violência do sistema. O erro evidente é perder de vista as dialéticas da vida social e considerar uma das posições como tendo razão, achando que somente ela representa a visão correta da realidade social.

Temos, assim, que entrar em uma temática muito mais ampla e apaixonante — básica —, trazendo à luz do dia o familiar, porém reprimido, "Você sabe com quem está falando?" e procurando interpretar a expressão como um rito de autoridade — um traço grave, constitutivo e revelador da nossa vida social.

Se inibimos ou escondemos dos olhos do estrangeiro ou do inocente o "Você sabe com quem está falando?", deixando de integrá-lo em nossa visão corrente do que fabrica o Brasil, é certamente porque o rito revela conflito e, vale reiterar, nós somos avessos aos conflitos. Além disso, discernimos que o conflito aberto, marcado pela representatividade de opiniões é, sem nenhuma dúvida, um traço revelador de um igualitarismo individualista, o qual entra em choque, com sua devida brutalidade, com o esqueleto hierarquizante de nossa sociedade.

Claro está que o "Você sabe com quem está falando?" evidencia em níveis cotidianos essa ojeriza à discórdia e à crise, traço que vejo como básico num sistema social extremamente preocupado com o "cada qual no seu lugar". Com a hierarquia e com a autoridade. Dessa perspectiva, descobre-se por que o "Você sabe com quem está falando?" embaraça. Realmente, em um mundo que tem que se mover obedecendo às engrenagens de uma hierarquia que deve ser vista como algo natural, os conflitos contidos nas interrogações contundentes tendem a ser tomados como irregularidades. O mundo tem que se movimentar em termos de uma harmonia absoluta, fruto evidente de um sistema no qual o todo é mais importante que a parte (cf. Dumont, 1977), o que conduz a um pacto profundo entre fortes e fracos. É justo nesse sistema de dominação no qual o conflito aberto é evitado que encontramos, dentro mesmo da relação entre superior e inferior, a ideia de *consideração* como um valor fundamental.

Neste quadro, o conflito não pode ser visto como um sintoma de crise, mas como uma revolta que deve e precisa ser reprimida. Enquanto crise, o esforço seria para modificar toda a teia de relações implicadas na estrutura, mas, como revolta, o conflito é circunscrito, e assim resolvido.

É como faz o mítico malandro Pedro Malasartes que, diante de um fazendeiro cruel e explorador, não acusa o sistema de dominação, mas o fazendeiro. Entre a modificação do sistema ou do seu agente, Pedro Malasartes atua com aquela generosidade típica dos pobres: castiga o agente e mantém o sistema.

Pois não é do outro modo que os investigados interpretam o "Você sabe com quem está falando?". Jamais tomam a expressão como a atualização de valores e princípios estruturais, mas sempre como a manifestação de traços pessoais indesejáveis.

Neste sentido, o "Você sabe com quem está falando?" seria como o racismo e o autoritarismo: algo que ocorre entre nós como que por acaso, sendo dependente apenas de um "sistema" implantado por pessoas ou grupos que, naquela situação ou contexto, detêm o poder. É evidente que a situação é muito mais complexa.

O fato básico é descobrir que temos um sistema social com aspectos conhecidos, mas não reconhecidos pelos seus membros. Na coleta de dados para este ensaio, pessoas de nível universitário se faziam de mal-entendidas e outras se recusaram mesmo a responder a duas ou três questões elementares destinadas a desvendar o uso da expressão.

Uma constante no inquérito foi a dicotomia — significativa para o que estamos investigando — entre, digamos, a gramática do "Você sabe com quem está falando?", ou seja, as situações que permitem (e legitimam) ou não o uso da expressão, e o número de casos em que o informante estava implicado. Pois todos os investigados consideravam indesejável o uso da expressão, mas todos eram dela praticantes. Tal como nos casos das pesquisas sobre preconceito racial, todos consideram o preconceito indesejável, mas em situações concretas todos se revelavam racistas.

Que significa isso do ponto de vista sociológico?

Seremos um povo contraditório, incapaz de reconhecer nossos níveis de irracionalidade? Ou uma sociedade que privilegia alguns dos seus aspectos e os toma como veículos para a construção de sua autorrepresentação?

É evidente que a resposta jaz na investigação e tentativa de resolução do segundo problema. Para tanto, todavia, é necessário descobrir quais os aspectos tomados sistematicamente como positivos, capazes de servir como tijolos ideológicos da constituição da identidade brasileira. Ora, o que o estudo do "Você sabe com quem está falando?" permite constatar é a descoberta de um paradoxo. Pois em uma sociedade voltada para tudo que é universal, harmonioso e cordial, descobrimos o particular e o hierarquizado. E os achamos em condições singulares, pois há uma regra geral que nega e reprime o seu uso, mas há uma prática igualmente geral que estimula o seu emprego.

É como se algumas atitudes sempre estivessem presentes em nossa sociedade: primeiro, a necessidade de divorciar a regra da prática; segundo, a descoberta de que existem duas concepções da realidade nacional: uma delas contida na visão do mundo como foco de integração e na cordialidade; e uma outra na visão de que o mundo é feito por meio de categorias exclusivas, postas numa complexa escala de respeitos e de deferências. Essa sugestão permite desvendar que tudo o que diz respeito ao inclusivo é manifestamente adotado, mas o contrário é válido para o exclusivo que — por isso mesmo — é frequentemente escondido ou falado em voz baixa.

Assim, o Carnaval é anunciado e exibido e o "Você sabe com quem está falando?", inesperado e escondido. Um é assunto de livros e de filmes; o outro, de eventuais artigos antropológicos, não sendo posto no rol das coisas sérias e agradáveis, como o futebol, o jogo do bicho e a cachaça.

Teoria e prática do "você sabe com quem está falando?"

Todos os informantes incluídos no nosso inquérito[2] — cerca de uma centena de pessoas — indicavam que eram inúmeras as situações nas quais se podia usar o "Você sabe com quem está falando?", que evidentemente era possível especificar

---

[2] Realizei uma coleta de material com alunos, conhecidos, e entrevistados casuais. Alunos meus do IESAE, da Fundação Getulio Vargas e da Escola de Artes Visuais complementaram essa coleta de material. A todos sou grato pelos dados, e pelas discussões, que foram fundamentais para a elaboração deste trabalho.

momentos típicos de quando o ritual seria requerido e usado. Nesse nível, há uma formidável coerência interna; uma coerência indicativa de uma forma socialmente estabelecida e esperada. Isso permite retratar o "Você sabe com quem está falando?" como um ritual; como ato estabelecido e estereotipado e não como uma mania ou modismo, fruto de uma época, indivíduo ou camada social.

Alguns informantes foram capazes de indicar com relativa precisão as condições sociais nas quais uma dada pessoa usaria esse rito de separação. Tais colaboradores especificaram o motivo do seu emprego apontando o "Você sabe com quem está falando?" tanto como um evento universal — como o fato egocêntrico de procurar "sentir-se importante" ou procurar "mostrar a posição social" — quanto a especificação de certas condições, numa ordem de prioridade.

Um informante de nível universitário revelou de modo elaborado o seguinte: "Acredito que uma pessoa fatalmente usará a expressão quando: (a) sentir sua autoridade ameaçada (ou diminuída); (b) desejar impor de forma cabal e definitiva o seu poder; (c) inconsciente ou conscientemente perceber no seu interlocutor uma possibilidade de inferiorizá-lo em relação ao seu status social; (d) for pessoa interiormente fraca ou que sofre de complexo de inferioridade; (e) o interlocutor, de uma forma ou de outra, é percebido como ameaça ao cargo que ocupa."

Note-se que as dimensões mencionadas foram explicitadas sem aviso prévio e sem discussão do assunto (isto é, o pesquisador não transmitiu ao informante suas ideias e motivações). O refinamento e o alto grau de sofisticação e detalhe para as nuanças das relações sociais são descobertas do próprio informante, decorrentes de sua prática social. Outros não lhe ficam atrás, o que mostra o caráter coletivo e elaborado da expressão e, mais que isso, uma preocupação intensa com o universo social lido como uma totalidade e de como nele navegar.

Isso mostra o que pode ser chamado de uma *aguda consciência de posição social* dos informantes; bem como o fato de que não restam dúvidas de que todos estão atualizando, em situações obviamente diversas, os nossos conhecidos, mas ocultos, princípios morais expressos em ditos populares, tais como: "um lugar pra cada coisa, cada coisa em seu lugar", "cada macaco no seu galho" etc. Revela-se, sobretudo, uma densa e precisa preocupação com a posição social e uma tremenda consciência de todas as regras (e recursos simbólicos) relativas à manutenção, perda ou ameaça dessa posição.

A essa altura não posso deixar de lembrar uma observação de Alexis de Tocqueville no seu clássico *A democracia na América* (publicado em 1835), quando, nesta consagrada e pioneira etnografia do republicanismo igualitário americano, ele remarca:

> Nas comunidades aristocráticas, onde um pequeno número de pessoas dirige tudo, o convívio social entre os homens obedece a regras convencionais estabelecidas. Todos conhecem ou pensam conhecer exatamente as marcas de respeito ou atenção que devem demonstrar, e presume-se que ninguém ignora a ciência da etiqueta.

E continua:

> Os costumes e praxes estabelecidos pela primeira classe da sociedade servem de modelo a todas as outras, cada uma das quais, por sua vez, estabelece seu código próprio, que todos os seus membros são obrigados a obedecer. **Assim, as regras de polidez formam um complexo sistema de legislação,**

difícil de ser dominado perfeitamente, mas do qual é perigoso para qualquer um desviar-se; por isso, os homens estão constantemente expostos a infringir ou receber, involuntariamente, afrontas amargas (1969: 257-58 — os grifos são meus).

Deixamos para depois a discussão mais detalhada da profunda aplicabilidade dessa profunda observação de Tocqueville, tão certeira ao caso brasileiro. Por enquanto, é suficiente notar que, tal como na Europa aristocrática do século XIX, temos hoje a mesma impressão de sempre, a saber: correr o risco de uma gafe, de "dar um fora", de "fazer um vexame", de "dar uma varada" — enfim, de deixar de acompanhar, seja por desconhecimento, de "berço" ou de percepção social, alguma regra de etiqueta que, como observa Tocqueville, tem o peso de uma lei, com seu conjunto formando uma legislação. E não restam dúvidas que o corolário de uma formação social assim constituída é o profundo medo do *ridículo* e da *palhaçada,* sinais de inferioridade social justamente pela ignorância ou desconhecimento do seu "devido lugar".

Tal marginalização relativa é precisamente o que ocorre quando há o desconhecimento dos limites das posições sociais ou quando elas são negativamente manifestadas, seja com a indicação de que cometemos um "vexame" (um erro social); ou com a descoberta do erro com a simultaneidade de sua violenta correção, quando "recebemos" — conforme falamos coloquialmente — "pelo meio da cara" (essa máscara que estampa o nosso respeito e nossa vergonha requeridos em certas relações) o vociferado "Você sabe com quem está falando?".

Neste sentido profundo, a expressão, lida como um ritual, seria invocada, para citar uma vez mais Tocqueville, as nossas "afrontas amargas". Humilhações merecidas quando por algum motivo perdemos a noção de lugar.

Mas é preciso discutir também algumas características no uso do "Você sabe com quem está falando?". Uma delas diz respeito às possibilidades de não conhecer a expressão, pois é obvio que ela é regularmente ativada de "cima para baixo", como revelam todos os investigados. Mas a investigação surpreende quando revela o ritual sendo usado como que pelo seu avesso.

Quando iniciamos a análise dos primeiros dados, logo descobri a possibilidade do uso do ritual por pessoas situadas em segmentos sociais teoricamente incapacitadas para usá-lo; a saber: por membros das classes dominadas ou dos grupos destituídos de prestígio e poder. Diante disso, fiz as mesmas perguntas a empregadas domésticas, serventes e crianças.

Os resultados foram díspares. Não obtive um consenso determinado pelo que poderíamos chamar de "posição social geral", com todos os "inferiores estruturais" mencionados dizendo que não poderiam usar a expressão, posto que não teriam nenhum privilégio ou poder. O mesmo ocorreu com as crianças. Havia, portanto, "subalternos" que não tinham a menor ideia do emprego da expressão e que a tomavam como uma simples pergunta a ser feita quando alguém desejava se dar a conhecer. E, ao lado disso, havia também quem tivesse recebido e usado o "Você sabe com quem está falando?". Entre eles, muitos frisaram, como uma espécie de ponto de honra, o fato de nunca terem recebido tal admoestação. O mesmo ocorreu com as crianças.

Mas, para tornar a situação complicada e intrigante, havia muitos casos nos quais o "Você sabe com quem está falando?" tinha sido usado por um inferior (criança ou subalterno) contra outra pessoa qualquer, como um modo de *identificação social vertical* quando o subordinado — tirando partido por projeção da posição social do seu chefe, pai (família), patrão ou empregador — incorporava seu relacionamento ao do seu superior, usando-a como uma capa para a sua própria posição. São fartos os exemplos do empregado usando o ritual de afastamento do seguinte modo: "Você sabe com quem está falando? Eu sou motorista do Ministro!" (Ou do General Fulano de Tal! ou do Chefe do SNI!...)

Um caso colhido por um dos meus colaboradores e narrado pelo próprio empregado (uma doméstica) é um excelente exemplo dessa projeção de posição social: "Eu tomava conta da fazenda de um coronel — diz a investigada — e seus subordinados usavam a casa. Um deles, por causa de uma mudança de quarto, resolveu perguntar se eu sabia com quem estava falando. Mas quando o coronel chegou, eu perguntei a ele quem mandava na casa e ele disse que era eu, o 'com quem tá falando' teve que pedir desculpas."[3]

O poder de tais usos e a nossa familiaridade com essa forma de identificação social revelam seu impacto e a sua frequência no cenário brasileiro. Tanto que também sabemos como sancionar o comportamento de quem, mesmo subordinado de um "grande", torna-se pernóstico ao suspender ou escamotear a carga de suas verdadeiras origens, tornando-se por isso mesmo uma "besta", um "convencido", um "mascarado" (eis um termo significativo).

---

[3] Temos aqui o caso idêntico àquele narrado por Machado de Assis e estudado por Faoro (1976: 30-31), quando é discutida a concessão de um título de nobreza a alguém. No caso, todo o grupo doméstico está em festa com a transformação do patrão e dono da casa em Barão. E, sendo assim, "os próprios escravos pareciam receber uma parcela de liberdade e condecoravam-se com ela: Nhá Baronesa! exclamava saltando. E João puxava Maria, batendo castanholas com os dedos: *Gente, quem é essa crioula? Sou escrava de Nhá Baronesa*".

Ademais, o poder da identificação vertical é proporcional à "altura social" do dominante. Quanto mais alta é sua posição, mais impacto e mais legitimidade ganha o uso do "Você sabe com quem está falando?" pelos seus inferiores, pois o fenômeno relevante é o da projeção da posição social para mais de um indivíduo, revelando como em certas formações sociais uma dada posição social pode recobrir mais que um indivíduo, tendendo a ser tomada como uma verdadeira instituição.

Ou como disse melhor, antecipando muito das teorias do patriciado e do clientelismo, cujas origens são obviamente aristocráticas ou têm como modelo a nobreza, Alexis de Tocqueville:

> As comunidades aristocráticas contam sempre, na multidão de pessoas por si próprias destituídas de poder, com um pequeno número de cidadãos poderosos e ricos, cada um dos quais pode realizar sozinho grandes coisas. Nas sociedades aristocráticas, esses homens não precisam reunir-se a fim de atuarem, pois estão fortemente ligados uns aos outros. Cada cidadão rico e poderoso constitui uma associação permanente e compulsória composta de todos que dele dependem ou dos que submete para a execução dos seus desígnios (1969: 230).[4]

Pela mesma lógica, crianças também usam a fórmula de afastamento, utilizando para tanto uma identificação com a posição profissional e o prestígio dos seus pais. Eis um exemplo: "Você sabe com quem está falando? Sou filha e neta de Desembargadores!"

---

[4] Eis aqui, tangencialmente, a resposta para a observação da falta de associações no mundo brasileiro. Ela é muito menos uma função do individualismo do que do poder de controle das pessoas nas posições superiores, que reúnem em torno de si uma vasta clientela ordenada pessoal e hierarquicamente.

Neste caso, a consciência vertical de posição é tamanha que um dos nossos informantes, filho de um Senador da República, revelou que seu pai proibira terminantemente o uso da expressão por parte dele e dos seus irmãos.

Reitero que empregadas domésticas, identificando-se com suas patroas, colocam-se "acima" das pessoas de quem estão se diferenciando, estabelecendo com elas — paradoxalmente — uma relação hierarquizada a qual reverte o seu papel. Mas em se tratando de mulheres (que, no nosso sistema, ocupam uma posição de inferioridade social no mundo público, mas são moralmente importantes como "donas" e "donas de casa"), o "Você sabe com quem está falando?" aparece também em contextos nos quais existe uma interação entre um homem e uma mulher, como uma defesa em primeira instância da honra feminina. É, então, comum encontrar situações nas quais um conquistador abusado ofende a honra de uma mulher que, vendo-se obviamente desrespeitada, lança mão do "Você sabe com quem está falando?" para "colocá-lo no seu devido lugar".

Seguindo a mesma lógica, as mulheres em geral usam a identidade (e a identificação) com seus maridos como meios de estabelecerem diferenças. Temos, pois, o clássico: "Você sabe com quem está falando? Sou esposa do Almirante Fulano de Tal!" usado para encerrar algum abuso ou problema.

Esses casos explicitam como subordinados não deixam de usar o "Você sabe com quem está falando?", mostrando que o rito não é exclusivo de uma categoria, grupo, classe ou segmento social. Eles expressam a possibilidade da identificação por meio de projeção social, quando o inferior dela se utiliza para assumir a posição de seu patrão ou comandante, agindo como se fosse o próprio superior e usando assim os laços de subordinação para inferiorizar um outro indivíduo que, normalmente (isto é, *pelos critérios econômicos gerais*), seria um igual (ou até mesmo superior).[5] É evidente que isso indica as perplexidades de uma estrutura social em que a hierarquia parece estar baseada também na *intimidade* social. Nesse sentido, as relações podem começar como marcadas pelo eixo econômico do trabalho, mas logo depois adquirem uma tonalidade pessoal, definindo-se também no plano de uma forte e permanente moralidade relacional. Esses casos de aplicação do "Você sabe com quem está falando?" por "inferiores estruturais" revelam um sistema no qual as classes sociais também se comunicam por meio de um sistema de relações informais e *entrecortadas* (cf. Gluckman, 1965) que, provavelmente, terminam por inibir parcialmente os conflitos e a absurda diferenciação social e política fundada exclusivamente na dimensão econômica e no formalismo da estrutura.

Numa sociedade assim constituída, em que as relações de trabalho somam-se a um conjunto de laços pessoais regidos por valores tais como a *intimidade* (cf. Barrett, 1972), a *consideração*, o *favor* (cf. Schwarz, 1977), o *respeito* (cf. Viveiros de Castro, 1974) e as apreciações éticas e estéticas generalizantes (como as categorias de limpo, bem-apessoado, correto, sagaz, bom, de fino trato etc.), existem possibilidades para uma hierarquização contínua e múltipla de todas as posições no sistema,

---

[5] Foi o caso da escravidão brasileira, em que a dicotomia senhor/escravo existia no plano jurídico-econômico geral, pois, na prática, a camada escrava reproduzia as hierarquias da camada dominante, conforme perceberam vários observadores da cena social brasileira (cf. Conrad, 1975: Cap. I). Creio que o estudo dessas hierarquizações de escravos e inferiores em geral, formando gradações e assim facultando mediações e compensações no tecido político e social, é importante. Nesse sentido, ver, além da obra pioneira e extraordinária de Gilberto Freyre, a importante análise de Maria Isaura Pereira de Queiroz (1976a) das hierarquias de escravos em dois romances do século XIX: *A escrava Isaura* e *O tronco do ipê*.

mesmo quando elas são radicalmente diferenciadas ou formalmente idênticas. Aquilo que Gilberto Freyre leu como um equilíbrio instável e outros impulsivamente como uma potencial luta de classe, é passível de compensação e, mais que isso, de complementaridade e interdependência.

Diferenciações e desigualdades sociais radicais e conflituosas, como a de patrão/empregado, podem operar por cima do eixo econômico (*que é o eixo efetivamente básico*) uma classificação de caráter moral que permite dividir os patrões em *bons* e *maus*, *felizes* e *infelizes*, que *consideram* ou *não consideram* seus empregados, que são *limpos* ou *sujos* etc. Tais considerações, embora possam parecer etéreas para o macroanalista, parecem-me fundamentais se se deseja realmente apreender a operação do sistema, abandonando sua abordagem meramente formal ou, o que é pior, formalista.

Mas a possibilidade de uma classificação com base em múltiplos eixos não diz respeito somente a uma compensação, pois contém uma busca de complementaridade dos extremos da sociedade, permitindo uma operação inversa, isto é, a diferenciação contínua e sistemática dos iguais. Desse modo, ela proporciona, com graus de sucesso variáveis, a manutenção de um esqueleto hierárquico e complementar que convive com os ideais igualitários, inibindo uma nítida percepção do modo de operar do sistema.

De fato, sempre que se faz uma análise do sistema social brasileiro, toma-se exclusivamente a dimensão da diferenciação econômica, abandonando outras dimensões classificatórias que permitem reorientar a conduta social e política, possibilitando, se não a identificação, pelo menos pontos de encontro entre dominador e dominado. Então, ao lado da perspectiva compensatória e complementar que busca (mas nem sempre obtém) a igualdade, temos a atitude "hierarquizante" que diferencia os iguais.

Com base nesse princípio diferenciador múltiplo, dois empregados que recebem o mesmo salário e estão sujeitos ao mesmo regime de "exploração social" são diferenciados pelos seus patrões (com base na cor, inteligência, postura, moralismo etc.) e, pela mesma lógica, diferenciam-se entre si. Pode-se, pois, estabelecer padrões de diferenciação interna com base em critérios outros que os da desigualdade dominante, fundada no plano econômico.

O sistema, reitero, iguala num plano e hierarquiza no outro, o que promove uma tremenda complexidade classificatória, um enorme sentimento de compensação e complementaridade, impedindo certamente a tomada de consciência social horizontal. Sendo assim, é facilitada a tomada de consciência vertical, com o empregado identificando-se em certas ocasiões com o seu patrão, a empregada com a casa onde trabalha, o trabalhador com a empresa que o emprega, e a empresa e os empresários com certos órgãos do Estado, pois no Brasil tudo indica que o Estado é o domínio responsável pela totalização do sistema na sua vertente formal e acabada. Fica assim difícil classificar completamente uma pessoa (ou instituição), a menos que ela se feche numa das dimensões do sistema, o que constitui um dos pontos básicos dos nossos conflitos e é tomado como o "núcleo" das chamadas rebeldias.

Sobre isso, vale um exemplo. Se um grupo estudantil decidido a continuar uma greve não atende aos apelos das autoridades (que é feito em termos da abertura do grupo *como* cidadãos, patriotas, filhos, homens de boa vontade etc.) e decide manter-se no papel social de estudante, então o grupo será fatalmente chamado de rebelde e o conflito vai se configurar como cada vez mais grave. Normalmente, todavia, todos jogam com todas as suas identidades e papéis sociais, vale dizer, com todos os eixos classificatórios possíveis, pois quem tem mais identidades e eixos classificatórios para utilizar é certamente mais "rico" e tem "mais prestígio", ficando — como veremos adiante — mais difícil de ser classificado.

Vale notar que, num sistema com esse tipo de dinamismo, não há dúvida de que existem obstáculos muito grandes na individualização das classes sociais, entrecortadas como estão pelas suas possibilidades de múltipla interação e classificação social em eixos variados, já que ninguém se fecha em torno de uma só dimensão classificatória. Se o critério econômico é determinante do padrão de vida, ele não é de modo algum determinante das relações pessoais (e morais). É, pois, muito mais fácil a identificação com o superior do que com o igual, geralmente cercado pelos medos da inveja e da competição, o que, entre nós, dificulta a formação de éticas horizontais.[6]

Diante disso, eu diria que, no Brasil, vivemos certamente mais a ideologia das corporações de ofício e irmandades religiosas, com sua ética de identidade e lealdade verticais, do que as

---

[6] O problema tem um amplo espectro e, espero, minha formulação tem largo alcance. Penso inicialmente nas dimensões históricas de tal sistema, certamente fundadas nas origens ibéricas de nossa sociedade, como o demonstra exemplarmente Raymundo Faoro (1975). Em seguida, reflito sobre o sistema de relações raciais. Lido da minha perspectiva, esse sistema é um dos eixos de classificação social do brasileiro (diferentemente do sistema americano). Assim, a permanente hierarquização e a possibilidade de múltiplas classificações e gradações exprimem o "preconceito de marca" em oposição ao de "origem", este em vigor nos Estados Unidos, como mostrou Oracy Nogueira, num artigo clássico (1954), o nosso sendo parcial e permitindo a compensação, o norte-americano sendo total e inapelável. O que fazemos, parece-me, é impedir a todo o custo a individualização que conduziria fatalmente ao confronto direto, inapelável, impessoal, binário e dicotômico entre brancos e pretos, inferiores e superiores, dominantes e dominados. Lembro ainda que tal modo de relacionar categorias antagônicas é velho entre nós, tendo sido visível na época da escravidão (em que raça e poder eram categoricamente idênticos) por meio das confrarias e irmandades religiosas. Tais associações criaram, sem dúvida, um campo social em que a individualização do sistema era sistematicamente costurada e, ao mesmo tempo, entrecortada. Ver Scarano (1976). Ver também Carl Degler (1971) e Thomas Skidmore (1976) para duas importantes contribuições recentes sobre o "problema racial brasileiro".

éticas horizontais que chegaram com o advento do capitalismo ao mundo ocidental e à nossa sociedade. O "Você sabe com quem está falando?", então, por chamar a atenção para o domínio básico da pessoa (e das relações pessoais), em contraste com o das relações impessoais dadas pelas leis e regulamentos gerais, acaba por ser uma fórmula de uso pessoal, relativamente desvinculada de camadas ou posições economicamente demarcadas. Todos têm o direito de utilizar o "Você sabe com quem está falando?". Mais: sempre haverá alguém no sistema pronto a recebê-lo (porque é inferior) e pronto a usá-lo (porque é superior). Aliás, tudo indica que uma das razões sociais deste ritual de separação é precisamente o de permitir e legitimar a existência de um nível de relações sociais com foco na pessoa e nos eixos e dimensões deixadas necessariamente de lado pela universalidade classificatória da economia, dos decretos e dos regulamentos.

O "Você sabe com quem está falando?" — e podemos dizer isso sem receio de cometer um curto-circuito sociológico — é um instrumento de uma sociedade na qual as relações pessoais formam o núcleo daquilo que nós chamamos de "moralidade" (ou "esfera moral") e tem um enorme peso no jogo vivo do sistema, sempre ocupando os espaços que as leis do Estado e da economia não penetram. A fórmula "Você sabe com quem está falando?" é uma função da dimensão hierarquizadora e da patronagem que permeia nossas relações sociais permitindo, em consequência, o estabelecimento de elos personalizados em atividades basicamente impessoais.[7]

---

[7] Para estudos da patronagem, ver Kenny, 1960, 1968; Stirling, 1968; Maybury--Lewis, 1967; Greenfield, 1972; Strickon & Greenfield, 1972; Wolf, 1966; Cutileiro, 1970; Campbell, 1964, Hutchinson, 1966, Galjart, 1964; Gross, 1973; Carneiro, 1976. Para uma visão abrangente do caso brasileiro, ver Forman, 1975, e Wagley, 1968. Para uma excelente resenha da patronagem vista como um modo de relacionamento político tradicional, ver Cintra, 1974.

Além dessas condições gerais, o "Você sabe com quem está falando?" tem inúmeras variantes e equivalentes: "Quem você pensa que é?", "Onde você pensa que está?", "Recolha-se à sua insignificância!", "Mais amor e menos confiança", "Vê se te enxerga!", "Você não conhece o seu lugar?", "Me respeite!", "Será que você não tem vergonha na cara?", "Mais respeito e menos confiança" etc. As expressões podem realizar o mesmo ato formal e consciente que, na sociedade brasileira, parece fundamental para o estabelecimento (ou restabelecimento) da ordem na forma de uma gradação, estratificação e, no seu sentido regular, uma hierarquia.

É importante notar que a maioria dessas expressões assume a forma interrogativa, o que, no Brasil, aparece como um modo evidentemente não cordial — porque muito assertivo — de interação social. Em nossa sociedade, a indagação está ligada ao inquérito, forma de processamento jurídico acionado quando há uma suspeita de crime ou pecado, de modo que a pergunta deve ser evitada. Sem a interrogação, a vida social parece correr dentro do seu fluxo normal, de modo que é possível postular uma provável ligação entre o temor das formas interrogativas e sociedades preocupadas com a hierarquia, nas quais normalmente tudo deve estar no seu lugar. Em sistemas assim estruturados, a pergunta pode configurar uma tentativa de tudo revolucionar, detendo (ou suspendendo) a rotina santificada do sistema.

Neste sentido, pode-se considerar o "Você sabe com quem está falando?" como uma recusa exaltada do "não saber o óbvio", já que — paradoxalmente — ela impede que o interlocutor deixe de saber com quem está interagindo porque, no fundo, a pessoa com quem fala é outra.

É curioso notar que se faça tal gritante assertiva interrogatória quando se trata de posição social, de hierarquias de posição e de escalas de superioridade (e inferioridade) pessoais, quando sabemos que, no Brasil, ninguém diz "não sei" para revelar sua ignorância de algum assunto.

O escritor gaúcho Erico Verissimo, que foi um dos mais inteligentes observadores da cultura brasileira e dos primeiros a vê-la de fora para dentro, pelo contraste comparativo com o mundo igualitário americano, observou isso com precisão num dos argutos diálogos do livro *A volta do gato preto,* publicado em 1957. Diz ele: "Outro traço que admiro no norte-americano é a coragem de dizer 'Não sei' quando na verdade não sabe!" E diz pela boca de outro personagem: "Nós brasileiros dificilmente usamos essa expressão. Temos o horror de parecer incultos." "Preferimos tapear", diz o interlocutor.

Somos socializados (informalmente na família e formalmente na escola) aprendendo a não fazer muitas perguntas aos pais e professores. Seja porque isso é indelicado, seja porque é considerado um traço agressivo que somente deve ser utilizado quando queremos "derrubar" alguém. Ou, ainda mais claro e revelador que isso, como um sinal de grande igualdade. Do contrário, pedimos licença para perguntar, como reza a etiqueta...

Não se deve, pois, estranhar a surpresa dos brasileiros em países como os Estados Unidos, onde a pergunta é parte rotineira da vida diária. É claro que existem formas interrogativas desagradáveis por lá, mas são diferentes das nossas representações do que significa socialmente uma interrogação.

Como aponta com clareza outro escritor, desta vez o francês André Maurois: "Àqueles que se julgam com superioridade suficiente para poderem passar à frente dos outros na alfândega ou no carro-restaurante, o americano dirá: Quem você julga que é?

(*Who do you think you are?*), e obrigando-o a ocupar seu lugar" (1969: 187-88).

O exemplo não poderia ser melhor porque, no caso americano, a pergunta aparece no seu sentido inverso, feita para situar a pessoa como um igual, e não como inferior ou superior. A forma americana, composta pelo verbo "pensar" (*to think*), indica que o pedante com pretensões a superioridade atua num plano da fantasia, pois é certamente ele quem pensa (tornando a realidade social subjetiva) possuir algum direito a mais do que os outros. Seus concidadãos de fila, ao contrário, usam a fórmula para trazê-lo de volta ao mundo real, reforçando as regras igualitárias e colocando no plano do imaginário e da fantasia as suas pretensões hierarquizantes.

Enquanto o "Você sabe com quem está falando?" situa quem usa a expressão numa posição superior, sendo um rito autoritário de separação de posições sociais, o "*Who do you think you are?*" é, inversamente, um cerimonial igualitário. Num caso, quem usa a fórmula é que pensa ser superior. Noutro, quem se utiliza dela é aquele que é atingido pela pretensão autoritária. Em todos os níveis, vale observar, nota-se a inversão simétrica dos dois sistemas. O que é normal no mundo desigual é anormal quando a sociedade tem um credo igualitário.

Aliás, não posso deixar de observar a profunda impressão que as filas (esses avatares da igualdade como um valor) causam no espírito do brasileiro. E é, novamente, Erico Verissimo quem volta para nos ensinar que, "quando nos arriscamos a uma excursão ao carro-restaurante, *temos de esperar* durante dez, quinze ou vinte minutos na bicha" (fila). Ele diz ao leitor: "Essas bichas são um exemplo vivo da democracia norte-americana. Se o soldado chega antes do cabo, o cabo antes do sargento e o sargento antes do capitão, não há lei alguma capaz de alterar essa ordem. O *oficial esperará a sua vez com a maior naturalidade*, pois sabe que todos os cidadãos têm direitos iguais perante a Constituição dos Estados Unidos, e não será pelo fato de serem soldados que eles deixarão de ser cidadãos" (1957: 81). As frases e expressões por mim grifadas têm o propósito de revelar os pontos enfatizados pelo etnógrafo, acima de tudo, brasileiro e surpreso, como qualquer um de nós, com a naturalidade da espera e com o que qualquer oficial brasileiro tomaria como "quebra de hierarquia", já que soldados são soldados e oficiais são oficiais! Em outras palavras, somos muito mais substantivamente dominados pelos papéis que estamos desempenhando do que por uma identidade generalizada que nos remeta às leis impessoais que concordamos em obedecer, essa característica dominante da identidade de cidadão, como bem acentua o escritor.

Outro ponto a ser observado é que o "Você sabe com quem está falando?" não parece ser uma expressão nova, mas muito velha. Tradicional entre nós, pois na medida em que símbolos tradicionais de posição social, como o uso de fraques, bengalas e bigodes, que, na observação arguta de Gilberto Freyre (1962: XXXI), só poderiam ser usados por pessoas realmente brancas pertencentes à classe senhorial, saíram de moda, a expressão "Você sabe com quem está falando?" passaria a ser mais utilizada, para que os superiores pudessem marcar suas diferenças e continuassem a viver num mundo hierarquizado.

É quase certo que o uso do "Você sabe com quem está falando?" tenha ficado muito mais comum nessas eras de mudança social e de "desenvolvimento" justamente porque hoje não se tem mais a antiga e "boa consciência" de lugar. Ou melhor, hoje se usa mais o "Você sabe com quem está falando?" justamente porque o sistema fundado no "respeito", na "honra", no "favor" e na "consideração" está a todo momento sendo ameaçado pelo eixo do econômico e da legislação — esses mecanismos universalizantes —, que a velocidade dos meios de comunicação de massa torna cada vez mais "legiferante".

Na medida, portanto, em que as marcas de posição e hierarquização tradicional, como a bengala, as roupas de linho branco, os gestos e as maneiras, o anel de grau e a caneta-tinteiro no bolso de fora do paletó (bem como a cor), se dissolvem, incrementa-se imediatamente o uso da expressão separadora de posições sociais para que o igualitarismo formal e legal, mas evidentemente cambaleante na prática social, possa ser submetido a outras formas de hierarquização social.

Aliás, isso não é novidade, caso tenhamos em mente a resposta brasileira ao problema infernal do igualitarismo jurídico de negros e brancos, senhores e escravos, apresentado no longo processo da Abolição. Sabemos que essa resposta foi especialmente fundada numa ênfase nos hábitos pessoais, como os banhos, o asseio, o apuro da higiene, o modo de vestir e de calçar.

Desse tempo de drástico igualitarismo no plano formal e legal, diz um não mais lido Gilberto Freyre: "O brasileiro da época (...) foi, nesse particular, quase um hindu [e a comparação, como se verifica, é significativa], tal o seu escrúpulo de asseio com relação às ceroulas, às camisas, às meias" (1962: CXX).

Diante da lei geral e impessoal que igualava juridicamente, o que fazia o membro dos segmentos senhoriais e aristocráticos?

Estabelecia toda uma corrente de contra-hábitos visando demarcar as diferenças e assim retomar a hierarquização do mundo nos domínios onde isso ainda era possível. É claro que a arena privilegiada dessas gradações veio a ser a *casa* e o *corpo*, esses domínios fundamentais do universo das relações pessoais e dos elos de substância.

E assim inventamos uma "teoria do corpo", acompanhada de uma prática cujo aprendizado é, até hoje, extremamente cuidadoso. A teoria do corpo, especialmente a partir da Abolição, passou a ser o *racismo à brasileira*, dotado de duas fases distintivas: uma, na qual ele era tipicamente hierarquizador e rígido, logo após a Abolição, quando, de fato, o problema se apresentava (cf. Skidmore, 1976). E outra, que entra em vigor a partir da publicação da obra de Gilberto Freyre, orientada não mais para o ponto de partida ou de chegada do sistema (respectivamente, o negro atrasado e débil e o branco civilizador), mas para os seus interstícios. Temos, como consequência, a glorificação da miscigenação, do mestiço e da mulataria. Mas não se pode esquecer que, em ambas, o corpo é o elemento central da elaboração ideológica, formando a unidade básica do plano hierarquizador. Essa é a área privilegiada que parece escapar das posições legiferantes e constitui um resíduo fundamental de elaboração ideológica. Tudo seguindo a etiqueta das relações pessoais.

Reagimos, vale notar, de modo radicalmente diverso dos americanos diante da esmagadora igualdade jurídica que veio com o fim da escravidão em ambos os países. Lá, criou-se imediatamente um contrassistema legal para estabelecer as diferenças que haviam sido legalmente abolidas: era o racismo em ideologia, prática social aberta e constituição jurídica (confira as leis Jim Crow). Estabelece-se, pois, num sistema igualitário que Gunnar Myrdal, no seu estudo magistral e pouco lido entre nós, chamou de "defesa" do próprio "Credo Americano", centro e raiz do "Dilema Americano" (cf. Myrdal, 1962: 89). No Brasil, porém, a esfera onde as diferenças se manifestaram mais claramente foi na área das relações pessoais, um domínio certamente ambíguo porque permitia hierarquizar em bases circunstanciais na base do "Você sabe com quem está falando?" e deixava os flancos abertos para escolhas pessoais e múltiplas classificações.[8] Não fizemos qualquer contralegislação que definisse um sistema de relações raciais fechado e segregacionista, baseado no princípio do "iguais, mas separados" (como foi o caso americano). Preferimos utilizar o domínio das relações pessoais — essa área ainda não atingida pelas leis — como local privilegiado para o preconceito que, entre nós, como têm observado muitos pesquisadores, tem um forte componente estético (ou moral) e nunca legal.

No Brasil, jamais chegamos a temer realmente o negro gradualmente livre, pois todo o sistema de relações sociais estava fortemente mapeado. Apenas adaptamos a rede de relações sociais e passamos a atuar nas áreas internas do sistema (no corpo e na casa), zonas onde não devia haver discussão de que o critério moral ou pessoal se aplicava integralmente.[9]

---

[8] Ver, por exemplo, este comovedor depoimento de Joaquim Nabuco, o Abolicionista, no qual a dicotomia entre o pessoal e o universal surge nitidamente. O texto é tirado de *Minha formação* (1949: 231): "Assim — diz Nabuco com sua habitual sinceridade —, "eu combati a escravidão com todas as minhas forças, repeli-a com toda a minha consciência, como a deformação utilitária da criatura, e na hora em que a vi acabar, pensei poder pedir também minha alforria (...) por ter ouvido a mais bela nova que em meus dias Deus pudesse mandar ao mundo; e, no entanto, *hoje* que ela está extinta, experimento uma singular nostalgia, que muito espantaria um Garrison ou um John Brown: a saudade do escravo." O grifo é meu. Novamente a comparação pelo contraste, espontaneamente feita pelo próprio Nabuco, é esclarecedora. Tratava-se de revelar que essa inconsistência (liquidar o sistema, mas sentir saudade do escravo) jamais seria entendida por gente como Garrison e Brown, abolicionistas norte-americanos.

[9] A fonte de inspiração teórica nestas linhas vem por meio do ensaio fundamental de Dumont sobre o racismo, a estratificação social e a hierarquia (cf. Dumont, 1974). O trabalho de Carl Degler (1976) também é importante para esta argumentação.

Tudo leva a crer que as relações entre a nossa "modernidade" — que se faz certamente dentro da égide da ideologia igualitária e individualista — e a nossa moralidade (que parece hierarquizante, complementar e "holística") são complexas e tendem a operar num jogo circular.

Quando enfatizamos a igualdade, o nosso esqueleto hierarquizante não desaparece automaticamente, mas se reforça e reage, inventando e descobrindo novas formas de manter-se. Realmente, uma coleta superficial de dados sobre o "Você sabe com quem está falando?" feita em jornais mostra a sua profusão, sobretudo nas áreas relativas ao trânsito, zona privilegiada do universo moderno, onde o impessoal se choca a todo momento com as relações e a pessoalidade, tão básica em nossa sociedade.

O uso do "Você sabe com quem está falando?" é antigo. Já Lima Barreto, em dois livros clássicos publicados no início do século XX — *Recordações do escrivão Isaías Caminha* e sua notável e atrevida etnografia da "República dos Estados Unidos da Bruzundanga", *Os bruzundangas* —, revela a sofreguidão do uso e abuso dos títulos e formas hierarquizantes e de como os heróis deste país se movem dentro desse sistema contraditório, avesso à crítica honesta, ao estudo sério e à impessoalidade das regras universais sempre distorcidas em nome de uma relação pessoal importante. É uma descrição pormenorizada do mundo social brasileiro como nenhum outro escritor talvez tenha replicado com tal franqueza, seja sociólogo ou romancista. Uma descrição que viu com profundidade inigualável as contradições de uma sociedade com dois ideais antagônicos: o da igualdade e o da hierarquia.

Vale ouvir o que diz o etnógrafo Lima Barreto, falando de nós mesmos: "Passando assim pelos preparatórios" [Lima Barreto se

refere aos exames de entrada nas escolas superiores e escrevia em 1917], "os futuros diretores da República dos Estados Unidos da Bruzundanga acabam os cursos mais ignorantes e presunçosos do que quando lá entram. São esses tais que berram: 'Sou formado! Está falando com um homem formado!'"
Em seguida, Lima Barreto registra que em Bruzundanga havia todo um exército para "organizar o entusiasmo". Algo assim como uma corporação especial destinada a homenagear as pessoas importantes, o que certamente impediria em Bruzundanga, como impede também no Brasil, essas exaltadas invectivas de esmagamento social e separação violenta pelo "Você sabe com quem está falando?", porque só seriam homenageados os grandes do local. É, pois, um hábito em Bruzundanga associar--se a uma aristocracia fictícia, tal como ocorre também entre nós, em que — após o primeiro sucesso — se esboça logo um ancestral nobre e uma genealogia. Diz Lima Barreto: "Um cidadão da democrática República da Bruzundanga chama-se, por exemplo, Ricardo Silva da Conceição. Durante a meninice e a adolescência foi assim conhecido em todos os assentamentos oficiais. Um belo dia, mete-se em especulações felizes e enriquece. Não sendo doutor julga o seu nome muito vulgar. Cogita mudá-lo de modo a parecer mais nobre. Muda o nome e passa a chamar-se: Ricardo Silva de la Concépcion. Publica o anúncio no *Jornal do Commercio* local e está o homem mais satisfeito da vida."
Mas Lima Barreto viu ainda um traço formidável das camadas dominantes da Bruzundanga: os dois tipos de nobreza, a *doutoral* e a de *palpite*, estabelecidos. Na doutoral estavam os doutores em engenharia, direito e medicina. Na de palpite, os comerciantes que eram ricos, mas não tinham títulos nem de nobreza, nem universitário, nem militar. Como temos

visto, não basta apenas a posição no mundo dos negócios — diríamos hoje, no mundo empresarial. Isso será suficiente na França ou nos Estados Unidos. No Brasil, é preciso traduzir e legitimar o poderio econômico no idioma hierarquizante do sistema. E esse idioma revela as linhas das classificações fundadas na pessoa, na intelectualidade e na consideração por meio de uma rede de relações pessoais.

É necessário então ser doutor e sábio, além de rico. E estar penetrado (ou "compenetrado", como falamos) por alguma instituição ou corporação perpétua, como as Forças Armadas ou algum órgão do Estado. Os "doutores", assim, substituíram — como nos mostra Gilberto Freyre (1962: 304) — os comendadores, barões, viscondes e conselheiros do Império. Era, sugeri linhas atrás, o modo de manter a nobreza e as distinções hierárquicas, porém usando outros emblemas de diferenciação social.

É ainda outro grande analista da vida nacional quem confirma esses traços hierarquizantes do nosso sistema, percebendo a figura que, de certo modo, personaliza o "Você sabe com quem está falando?". Falo, evidentemente, de Machado de Assis e da sua desconhecida "Teoria do medalhão". Trata-se de um diálogo, publicado em 1882 em *Papéis avulsos*, entre um velho e experiente pai e seu filho de 21 anos. Ao completar o rapaz a maioridade, o pai não pode deixar de revelar ao rebento o supremo segredo do sucesso em nosso meio: tornar-se um medalhão. A "teoria do medalhão" é, pois, a fórmula indicada para a obtenção do sucesso num mundo social dominado pelo convencionalismo, pela ortodoxia das teorias e doutrinas, pela rigidez das práticas jurídicas, pelo modismo e conformismo que impedem as soluções originais e profundas. Numa palavra: pelo sistema hierarquizado, que põe tudo em seus lugares, sempre acha o lugar para todas as inovações, detesta examinar-se e, por meio de suas próprias forças e dinamismo, mudar o lugar das coisas que nele já existem. Diz, então, o pai:

> Um discurso de metafísica política apaixona naturalmente os partidos e o público, chama apartes e as respostas. E depois não obriga a pensar e descobrir. Neste ramo dos conhecimentos humanos tudo está acabado, formulado, rotulado, encaixotado (...). Em todo o caso, não transcendas nunca — completa o pai — os limites de uma invejável vulgaridade. [Logo em seguida, sugere ao rapaz o uso da expressão "filosofia da história"...] Uma boa locução que deves empregar com frequência, mas proíbo-te que chegues a outras conclusões que não sejam as já achadas por outros. Foge a tudo que possa cheirar a reflexão, originalidade etc. etc.

Como se observa, são muitos os filhos desse zeloso pai.

Voltemos, porém, ao estudo sociológico do texto de Machado de Assis. Um dos seus méritos é a possibilidade de clarificar a relação entre o sistema de classificar pessoas e, como consequência, o rito autoritário do "Você sabe com quem está falando?". Pois essa fórmula só deve ou pode operar funcionalmente numa sociedade de quem sabemos quem é, de *pessoas que se lavam*, de *brancos*, de *boa gente* — de *medalhões*, em contraste com a *gentinha*, o *zé-povinho*, a *raia miúda*, a *gentalha*, a *massa*. Numa palavra, aos impuros em geral.

Descobrimos, então, um sistema de classificação em que as pessoas são marcadas por categorias extensivas de um modo binário. De um lado, os superiores; de outro, os inferiores. Mas é preciso, no entanto, continuar chamando a atenção para um fato muito importante. Nesse sistema, as categorias têm caráter moral e segmentar. Nele, são evitadas sistematicamente as classificações individuais exclusivas (ou fechadas) que podem remeter a aspectos reais e a uma só dimensão da sociedade. A classificação é holística ou totalizante (ou seja, moral), engavetando as pessoas em várias dimensões simultaneamente.

Nessa mesma linha, é preciso indicar que o sistema não demarca grupos sociais concretos. As categorias parecem muito mais conceituais, referindo-se ao caráter, e não às dimensões individuais e concretas ou singulares dos grupos e segmentos. Recusamos, eis a sugestão, classificar pessoas pelas suas ocupações: falamos em militar e em doutor, sem especificar. Falamos em autoridade e em membro do governo, sem distinguir. As classificações mais precisas ficam relegadas ao plano especializado dos órgãos burocráticos com suas impessoalidades.

A figura do medalhão surge nas sociedades nas quais a classificação difusa (e moralizante) é poderosa. Mas quem é o medalhão? Novamente, descobrimos que ele não é um personagem exclusivo de uma classe, grupo ou segmento social. O medalhão, como uma cristalização pessoal de qualidades morais de um dado domínio social, pode surgir onde quer que haja um grupo. Temos medalhões entre os pobres e os ricos, entre os fracos e os fortes.

Trata-se, parece-me, de um modo de estabelecer diferenças e desigualdades em todos os grupos, em todas as categorias, em todas as situações. Sobretudo — eis o ponto — entre iguais. Embora exista uma justificável tendência a equacionar o medalhão com uma "classe dominante", essa ligação é simples demais. Porque, no Brasil, existem medalhões em todos os domínios da vida social brasileira: na favela e no Congresso; na arte e na política; na universidade e no futebol; entre policiais e ladrões. São as pessoas que podem ser chamadas de "homens", "cobras", "figuras", "personagens" etc. e que ocorrem em qualquer campo. São os que já transcenderam as regras que constrangem as pessoas comuns daquela esfera social. É alguém que não precisa mais ser apresentado e com quem se deve primeiro falar (e/ou "se entender"). Em sistemas igualitários, essas figuras são chamadas de VIP (*very important person*), e são raras. Em sistemas hierarquizantes, elas existem em toda parte, em todos os domínios, e são elas que fazem as conexões básicas entre os diversos círculos hierarquizados que formam uma espécie de esqueleto do universo social. Sendo assim, gozam de uma fama justificada e de um prestígio especial que se manifesta no modo pelo qual são tratadas, pois são livres das regras constrangedoras do sistema e são postas unanimemente numa espécie de Nirvana social, num Himalaia das escalas hierárquicas — acima das brigas rotineiras. Situadas nos auge dos seus respectivos universos sociais, tais figuras dispensam o rito do "Você sabe com quem está falando?".

Medalhões são frequentemente figuras nacionais. Celebridades que somam nas suas pessoas os principais traços de um dado domínio da vida social. Suas figuras, como não poderia deixar de ser, projetam largas sombras e nelas se abrigam muitas outras pessoas. Ser o filho do Presidente, do Delegado ou do Diretor conta como chave ou cartão de visitas. Ou, para sermos históricos e concretos, ser "filho do Pelé" pode possibilitar, a despeito de todos os preconceitos, a um negro pobre alguns dias de esplendor num hotel de luxo (cf. *Jornal do Brasil*, 12 de novembro de 1977).

Foi uma situação social assim, repleta de personagens que qualquer brasileiro classificaria como "medalhões", que provocou em Erico Verissimo um capítulo inspirador, justamente denominado "Você sabe com quem está falando?", no livro já mencionado *A volta do gato preto*. Almoçando o escritor no restaurante dos professores da Universidade da Califórnia-Berkeley, ele se viu cercado por cientistas de alto quilate e renome. E como nenhum deles era distinguido com olhares, deferências ou mesuras especiais — o que seria fatalmente o caso no Brasil —, Erico Verissimo comenta: "Esses homens todos são duma simplicidade exemplar. Com pouco mais de quarenta anos, com essa sua cara sem mistério, suas roupas incaracterísticas, Lawrence [trata-se de E. O. Lawrence. Prêmio Nobel de Física de 1939] bem podia ser tomado por um modesto médico de aldeia, por um caixeiro-viajante ou — por que não? — pelo ecônomo deste clube." E diz o nosso observador, com um viés agudamente comparativo: "Fico a pensar em certos homens presunçosos de minha terra, os quais só porque têm fortuna, posição ou algum parente importante julgam que são o sal da terra e vivem a perguntar: — Você sabe com quem está falando?"

Observo que Erico Verissimo isolou corretamente alguns dos ingredientes básicos do uso da expressão como um rito autoritário. Ele fala em fortuna (que remete ao eixo econômico), posição (que remete ao eixo propriamente político ou social — "moral" no denso entendimento clássico de Émile Durkheim) e, finalmente, menciona o parente, a rede de parentesco ou a parentela (que remete ao capital básico e fundacional das relações sociais no Brasil). Toca, assim, o escritor, na prática do "Você sabe com quem está falando?", tema que deverá ser agora alvo de uma análise mais direta.

O "você sabe com quem está falando?" como dramatização do mundo social

Estou usando o conceito de dramatização e de drama social inspirado na obra de Victor Turner (1957 e 1974) para, através do estudo sociológico de cerca de 100 casos do "Você sabe com quem está falando?", todos colhidos no inquérito já mencionado, chegar às suas propriedades estruturais, às suas invariantes.

A noção de dramatização social é mais do que adequada para tal apropriação teórica do material empírico, dado que a própria situação a ser analiticamente reconstruída é vista pelos membros nela envolvidos como um "drama", uma "cena", um momento acima — além ou aquém — das rotinas que governam o mundo diário. Conforme adverte Turner, o drama social tem como ponto básico a ação que rompe com uma norma social vivida de modo quase que automático (ou natural), e também o conjunto de ações que desencadeiam os processos compensatórios (ou de alívio). No caso em estudo, ambos os processos capitais dos dramas sociais estão presentes.

Minha perspectiva é processual, pois estou interessado em apreender todo o curso da ação motivada pelo "Você sabe com quem está falando?", muito embora não possa — dada a natureza do material e o modo pelo qual foi coletado — especificar todos os detalhes empíricos sobre os agentes, locais e espectadores. De fato, estou realizando o estudo de uma transformação social do cenário cotidiano, quando a interação rotineira entre os indivíduos é interrompida por um confronto aberto e dramático o qual muda as expectativas. Mesmo se considerarmos o Brasil escravocrático, o esperado seria ignorar conflitos potenciais (o que vem debaixo não me atinge ou afeta) ou até mesmo atos criminosos, os quais, no nosso entendimento, deveriam ser objeto da ação impessoal da polícia, jamais nossos.

Nessa transformação — que pode, como iremos ver, ser a base para uma tomada de posição do conflito de classe, com caráter histórico — pode-se discernir claramente alguns aspectos implícitos do nosso mundo social. Aspectos ou dimensões do ritual de subordinação explicitados pelo "Você sabe com quem está falando?", o qual denota uma visão do mundo avesso à igualdade como um valor republicano e traz à tona uma óbvia postura aristocrática ou hierarquizante.

Ao estudar, então, alguns casos do "Você sabe com quem está falando?", tenho meu interesse centrado nos instrumentos que são chamados à consciência pelos atores, o que irá nos indicar as estruturas ocultas e os domínios essenciais que também governam (ou deveriam, segundo os atores, governar) as nossas interações sociais. É o rebatimento dialético entre a consciência do que se deve fazer e a surpresa de sua interrupção que nutre os dramas e se constitui, parece-me, o plano mais denso do social como social.

Tomemos alguns casos representativos:

1. Num estacionamento de automóveis, o guardador diz a um motorista que não há mais vaga. O motorista, entretanto, insiste dizendo que as vagas estão ali. Diante da negativa firme do guardador, o motorista diz irritado: "Você sabe com quem está falando?", e revela sua identidade de oficial do exército.

2. Uma moça espera, alta madrugada, um ônibus ou táxi para ir para casa. Um carro de polícia passa e se aproxima. Quando chega mais perto e os policiais pedem à moça sua identidade, esta diz indignada, mostrando a carteira: "Sabe com quem estão falando? Sou moça de família, filha de fulano etc."

3. Uma senhora resolve fazer compras em Copacabana e estaciona seu carro em cima da calçada, em local proibido. Após algumas horas, o guarda pede que ela mande o seu motorista tirar o carro daquela área. A mulher insiste em ficar e diz: "Você sabe com quem está falando? Sou a esposa do Deputado Fulano de Tal!" (O desfecho é ambíguo, com a mulher saindo possessa e o guarda ficando totalmente embaraçado de medo e vexame. Há casos em que, dias depois, o guarda é obrigado a pedir desculpas à madame).

4. Alguém viaja para o exterior e deseja importar material taxado pela alfândega. Entra em contato com parentes, que finalmente localizam alguém na alfândega. No dia da chegada, estando tudo combinado, a pessoa passa pela fiscalização sem problemas, pois o fiscal sabe com quem está falando.

5. Na antessala de um gerente de banco, algumas pessoas esperam sua vez. Entra um senhor e, após esperar com impaciência alguns minutos, diz num vozeirão: "Você sabe com quem está falando? Sou Fulano de Tal!" A secretária, nervosa, vai imediatamente ao gerente, e o homem logo depois é atendido.

6. Na portaria de um hospital, alguém deseja entrar para ver um doente. O porteiro, porém, é intransigente e não deixa. Após um diálogo ríspido e surdo, o homem que deseja entrar diz: "Você sabe com quem está falando?" E mostra sua identidade de médico.

7. Numa esquina perigosa, conhecida por sua má sinalização e pelas batidas que lá ocorrem, há um acidente de automóvel. Como o motorista de um dos carros está visivelmente errado, o guarda a ele se dirige propondo abertamente esquecer o caso por uma boa propina. O homem fica indignado e, usando o "Você sabe com quem está falando?", identifica-se como promotor público, prendendo o guarda.

8. Uma moça visita seu tio, um pescador. Enquanto falava com ele, passa um desconhecido e lhe dirige um gracejo muito pesado. Ouvindo o galanteador, o tio dá-lhe um soco, dizendo: "Você sabe com quem está falando? A moça é minha sobrinha!"

9. Num posto de atendimento público, alguém espera na fila. Antes do horário regulamentar para o término do expediente, verifica-se que o guichê está sendo fechado e o atendimento do público, suspenso. Correndo para o responsável, essa pessoa ouve uma resposta insatisfatória e fica sabendo que o expediente terminaria mais cedo por ordem do chefe. Manda chamar o chefe e, identificando-se como presidente do órgão em pauta, despede todo o grupo.

10. Há uma batida de automóveis. Os dois motoristas saltam de seus carros esperando o pior. Ambos são fortes, brancos e têm "boa aparência". Um deles grita: "Você sabe com quem está falando? Sou coronel do exército!" E o outro replica: "Eu também." Então eles se olham, reconhecem e resolvem enfrentar o problema com calma.[10]

Consideremos alguns pontos comuns a todos os casos. A primeira observação a fazer é que eles configuram uma situação dramática, de grave conflito potencial entre duas pessoas. Em situações assim, o tom de voz, a expressão facial e os gestos são tensos. São reveladores de que as pessoas implicadas estão num extremo grau de excitação e impaciência porque

---

[10] A forma final dos casos é minha. Mas todos obedecem aos dados colhidos. Não buscamos, logicamente, a exaustão ou muito menos uma tipologia, mas dramas que sejam representativos da operação de certos princípios sociais. Os casos de n° 3, 4 e 9 foram claramente inspirados no que foi noticiado no *Jornal do Brasil* dos dias 23 de dezembro de 1976, 13 de maio de 1976 e 7 de março de 1976.

suas expectativas rotineiras foram estilhaçadas e ameaçadas. É, como falamos coloquialmente no Brasil, uma situação típica de "Deus me livre", ou de "Deus nos acuda". Isto é, um momento definido pelo senso comum como de "fim de mundo" (e "um caso de polícia"), quando as regras do cotidiano são ameaçadas ou suspensas e as pessoas, frequentemente possessas de raiva e indignação, estão entregues a si mesmas e ao confronto "cara a cara" — a um passo de recorrer ao poder primitivo da força física.

Elas então gritam e repetem, no paroxismo de personagens de Nelson Rodrigues, as marcas de suas identidades sociais ("Eu sou doutor, ouviu?!!!"), na busca do esmagamento do anônimo adversário. Claro está que em tais ocasiões é comum ter uma plateia, de modo que o caso logo se transforma num teatro, com cada um dos disputantes procurando convencer o grupo de assistentes a tomar partido, do mesmo modo que o grupo pode agir como mediador e legitimador entre os disputantes.

Como consequência, ocasiões assim suspendem as rotinas da vida social, fazendo com que as testemunhas cogitem da própria natureza da ordem por meio de julgamentos típicos, em geral definitivos. É comum, então, ver-se nas dramatizações mais intensas e duradouras do "Você sabe com quem está falando?" meneios negativos de cabeças acompanhadas de expressões tais como: "É o fim...", "É o Brasil", "O mundo está mesmo virado...", "Esse Brasil está perdido...", "Veja você...", "Onde é que nós estamos?", "Onde já se viu?" — expressões que revelam as frustrações cotidianas e uma certa desconfiança no sistema de regras que governa o mundo. Depois de um desagradável "Você sabe com quem está falando?", quando o mais forte acaba por "vencer" (submeter) o mais fraco, fica-se realmente convencido de que o mundo é ruim, e que o melhor, o ideal, é a orientação para a *casa* e para a *família*, jamais para a *rua* e para o *mundo*, onde a vida se manifesta na sua injustiça e na sua crueza — revelando a sua "dura realidade!". Assim, o "Você sabe com quem está falando?" contribui e manifesta essa "desconfiança básica do mundo" que nos distingue do universo puritano dos norte-americanos.

Outro ponto a ser visto são os casos que apresentam uma forte oposição entre alguém que está anônimo, posto que atua num papel social universal ou público, e um representante bem caracterizado da ordem e da autoridade. O conflito inicial que deflagra o drama é o contraste entre um papel social universal — cidadão, motorista, contribuinte, cliente, usuário etc. — e uma identidade social bem determinada em termos de um outro subsistema ou domínio social — guarda de trânsito, inspetor da alfândega, pagador, cobrador, guardador de carros etc.

De um lado existem as identidades sociais com competência e delegação de autoridade, geralmente desempenhados por pessoas situadas nos escalões mais humildes e mais baixos desse sistema de manutenção da ordem; e, do outro, alguém que surge exibindo uma identidade geral não especificada, o que lhe confere o anonimato, pois o guarda uniformizado todos sabem quem é, mas ninguém imagina quem seja a pessoa prestes a ser autuada, presa ou posta sob suspeita.

O que marca a situação e a torna dramática é justamente a peripécia do desvendamento de outras identidades sociais que vêm liquidar de pronto o anonimato de quem está reclamando contra o representante de um sistema bem definido de manutenção da ordem, o qual valeria para todos. Quem, pela regra geral, considera-se agredido torna-se agressor, fazendo com que o aparentemente fraco e desconhecido transforme-se em forte e mais do que conhecido.

Passa-se, pois, como no caso 9, de detentor de um cargo público (um papel social universal e que confere por isso mesmo o anonimato) a presidente do órgão mantenedor do posto! Do mesmo modo, passa-se de viajante internacional e contribuinte (como no caso 4) a parente (amigo, padrinho ou afilhado) de uma pessoa com posição importante naquele domínio do sistema social.

Todos os casos, de fato, implicam essas passagens de um papel "universalizante" a outro muito mais preciso, capaz de localizar o interlocutor dentro do sistema que se toma como dominante. Por isso, sem dúvida, abundam os "Você sabe com quem está falando?" ligados a membros das Forças Armadas que pretendem ter entre nós o monopólio dos eixos autoritários e hierárquicos. Do mesmo modo, entende-se por que o "Você sabe com quem está falando?" é raro ou inexistente em sociedades tribais ou sociedades tradicionais, em que todos se conhecem e se relacionam entre si por meio de laços múltiplos, ou *multiplex* como sugeriu Gluckman (em 1965). Pois nesses casos o sistema social não se atualiza por meio de papéis universais, mas, ao contrário, sempre opera por intermédio de identidades sociais precisas, como as que são dadas pelas teias de relações sociais nascidas na família, na vizinhança, no compadrio, na nominação e, acima de tudo, no parentesco que, vale sublinhar, *todos conhecem*.

Nessas coletividades, então, não temos o caso de um policial que é *também* pai, marido, filho, compadre etc., mas, inversamente, temos um pai, marido, filho etc. que, *por tudo isso*, pode ser policial. As relações pessoais tomam a precedência e, por assim dizer, englobam os cargos e serviços necessários à operação do sistema e dele nunca se divorciam — como ocorre com a nossa "sociedade complexa", na qual existem muitos papéis e múltiplos palcos e, por isso mesmo, é (ou foi) chamada de "complexa".

Um terceiro ponto interligado ao que acabamos de expor é o tema do duplo anonimato quando, por exemplo, são dois indivíduos no papel de motoristas que estão em confronto (como no caso 10) e o problema é o de procurar uma ordenação, uma classificação (ou uma hierarquia), numa situação em que o conflito está diretamente relacionado ao fato de que os dois clamam direitos iguais como motoristas. Ou seja, enquanto motoristas, ambos têm os mesmos direitos, embora em outros domínios sociais seus direitos (e deveres) possam ser diversos e um possa ser superior ao outro.

Nesse caso, a situação lembra inevitavelmente o que Louis Dumont diz sobre a Índia, terra onde, diferentemente do Brasil, a hierarquia comanda todas as relações entre grupos e categorias sociais. Vale citar: "Na relação de dois homens, a sociedade ocidental moderna pressupõe a igualdade a tal ponto que situações delicadas podem surgir onde a subordinação é necessária. A Índia, ao contrário, enfatiza a desigualdade ao ponto de que situações tendentes à igualdade são instáveis e o conflito é chamado para resolvê-las pelo estabelecimento de uma gradação."

E Dumont continua, de modo significativo para nosso estudo: "Esta bem pode ser a razão básica de por que a disputa é endêmica [na Índia]. Pois, por mais desenvolvido que seja, o sistema não conseguiu estabelecer uma gradação perfeita de toda a vida social" (1970b: Introdução, pp. 13-14).

A passagem de Dumont ajuda a entender por que, no caso brasileiro, situações de plena igualdade perante a lei engendram momentos de conflito potencial e explica a busca do "Você sabe com quem está falando?" como um operador autoritário, capaz de restabelecer de algum modo, não uma inconsciente e pouco explicitada, mas uma discutida e assim devidamente politizada, prioridade hierárquica, justamente porque, em paralelo a este eixo, corre uma vertente republicana e igualitária cujas implicações sociais igualmente jazem sem discussão.

O eixo profundamente aristocrático, através do qual todos sabiam quem eram, um sistema delimitado rigidamente entre senhores e escravos (negros e africanos) entra obviamente em contradição com um mundo definido como sendo de "cidadãos".

Isso explica por que o "Você sabe com quem está falando?" seria um *ritual de reforço* ou uma forma de trazer à consciência dos atores aquelas diferenças necessárias às rotinas sociais em situações de intolerável igualdade porque uma ambígua e duvidosa igualdade (como está descrito, por exemplo, no caso 10) entra em choque com presumidas gradações.

Por outro lado, a discussão remete diretamente ao problema da violência conjugada à igualdade dos "homens livres", embora aqui tenhamos "homens livres numa ordem hierarquizada" e não, como diz Carvalho Franco (1974), numa "ordem escravocrata". A diferença que tenho com essa importante formulação é a seguinte: existe, sem dúvida, uma equação entre violência e igualdade, mas eu acrescentaria que a violência ocorre porque ela denuncia a necessidade da hierarquização. Parece-me que, se é verdade que os "homens livres" estão desgarrados, eles não deixam de fazer parte de uma matriz social cujos centros difusores e dominantes eram hierarquizados. Assim, os valores desses "homens livres" teriam que ser no mínimo duplos: de um lado, voltados para uma igualdade vista como um ideal a qual, em sua situação social concreta, pode ser até mesmo atualizada em algumas esferas da vida. Mas, de outro lado, há o peso da hierarquia (do lugar que caberia a cada um) como um ideal. Por trás da liberdade, portanto, havia um conjuntos de práticas e valores hierárquicos e da hierarquia sustentada presente em todo o país (cf. Skidmore, 1976: 59); escravidão cujo lado superior era obviamente complementado por uma nobreza autêntica, não importada ou localmente engendrada.

Quer me parecer então que, no caso da sociedade brasileira, a violência surgiria como um recurso apenas quando fosse impossível fazer as gradações por outros meios, ou quando a moralidade estivesse rompida ou ofendida. O universo social dos "homens livres" não é, pois, nem tão livre de regras e valores, nem tão "hobbesiano" a ponto de termos a impressão de que a violência é uma prova da "luta de todos contra todos". Muito ao contrário, é claro, a violência é mais um instrumento utilizado quando os outros meios de "conciliar" e hierarquizar uma dada situação falham irremediavelmente. Deste modo, pode-se perfeitamente equacionar o "Você sabe com quem está falando?" com a violência. Pois tanto no uso da força bruta, quanto no uso do ritual, o objetivo é a separação radical de papéis sociais, rompendo assim com o individualismo e a igualdade que caracterizavam a situação inicial.

De fato, se o ator está só no momento da violência contra o outro, ele não está mais só quando se trata de sustentar ou legitimar sua ação, o que é sempre realizado de modo coletivo, pois é com o aval da sociedade que se pode estabelecer com certeza quem está do lado de quem. Aqui, a violência surge como um potente e irreversível recurso para fazer com que os indecisos decidam e as facções políticas se definam claramente. É algo comum, parece-me, em sociedades holísticas, fundadas em relações sociais de "múltiplos propósitos".[11]

Um quarto aspecto também relacionado aos já vistos diz respeito ao que pode ser chamado de *revelação da identidade social*. Tal dramatização está evidentemente correlacionada ao anonimato, ou melhor, a uma intolerância ao anonimato que parece ser trivial em sociedades "holísticas" e hierarquizadas nas quais o polo aristocracia/escravidão era essencial. No caso do "Você sabe com quem está falando?", a dramatização é clara, pois o momento culminante da situação é constituído pela apresentação enfática de uma outra identidade social que tem esmagadora pertinência e indiscutível prestígio em outro domínio social. É o caso, por exemplo, das situações ocorridas em estacionamento proibido (ver caso 3), quando o guarda descobre que o motorista-cidadão desobediente das leis do trânsito é a digníssima esposa de um general do exército ou de um nobre secretário de Estado!

Frequentemente, tal revelação de identidades ocorre com a apresentação da "carteira de identidade", um documento que, no Brasil, tem uma importância fundamental, já que a nossa po-

---

[11] Maria Isaura Pereira de Queiroz compreendeu bem esse aspecto das relações entre "igualdade" (sem, entretanto, igualitarismo e individualismo liberal) e o que ela chama de "pirâmides políticas" ou "mandonismo" (cf. 1976: Segunda Parte). Entende, então, Pereira de Queiroz, exatamente como estou aqui sugerindo, que em situações socioeconômicas difusas, fundadas em pequena propriedade, havia "iguais", e estes barganhavam seus votos. Mas em zonas onde as estruturas de poder eram rígidas (como no caso dos engenhos e das fazendas de café) — vale dizer, como estou apresentando aqui —, em que havia uma *hierarquia bem definida*, o poder de barganha era menor e o controle do mandão, muito maior. Barganhar, assim, é evidentemente um índice de individualidade e igualdade, o que só aparecia em ocasiões extraordinárias, em eleições. Mas, como se verifica, isso era logo controlado pelos mandões em zonas fortemente centralizadas (onde uma hierarquia social estava firme). Deve-se, contudo, acrescentar que a violência poderia ocorrer em ambos os casos.

lícia prende sistematicamente (para averiguações) pessoas "sem documentos" (isto é, sem identidade ou possibilidade de identificação). **Estudamos tal documento em outra parte deste livro.** Agora, vale dizer que a carteira como um documento capaz de assegurar quem é quem é uma prova viva da importância de poder situar-se podendo provar de forma definitiva a sua posição social. Isso é feito pela carteira de identidade — mostrar de forma agressiva e expressiva como um documento que contém fotografia, idade, filiação, assinatura e "cútis" (um eufemismo para cor da pele).

A apresentação do documento apropriado, junto com o vociferado "Você sabe com quem está falando?", faz com que a figura abstrata mas socialmente concreta com quem se está interagindo passe a ser oficial e legal, com poder e prestígio, beleza e graça, e sobretudo com *relações* com pessoas poderosas que estão, como gostamos de dizer, "lá em cima". Passa-se, então, de "cidadão brasileiro" ou de "indivíduo" — esses papéis sociais universalizantes que nessas situações não dão qualquer direito — a alguém que é "realmente alguém": deputado, advogado, oficial das Forças Armadas, secretário de Estado etc. Ou, o que é ainda melhor, parente e amigo de um figurão com quem se tem elos substantivos.

O inverso dessa situação, embora mantendo o tema básico do desvendamento ou revelação da identidade social, é aquele narrado em inúmeros contos de fadas, quando descobrimos que o bicho feio e nojento — o famoso sapo — era, na realidade, uma lindíssima e puríssima princesa encantada. A fórmula tradicional e popular do "encantamento" pode ser traduzida como uma dramatização da verdadeira identidade social, traço importante em sistemas sociais fundados no eixo das relações pessoais. Nestes sistemas, quando a teia de relações se desfaz, não se é coisa alguma — vira-se um indivíduo da rua. Um ninguém "desrelacionado" e definitivamente marcado pelo anonimato ("quem é esse carinha?").

Ou, como costumamos dizer, "touro longe do seu curral vira vaca", o que equaciona o anonimato e a individualização (ou a sua possibilidade) como um risco e um castigo. Tal como é o exílio numa sociedade como a nossa, em que a qualidade da vida tem um elo direto com as relações pessoais.

Mas se, no caso do conto de fadas, descobrimos a verdadeira identidade da princesa por meio de uma boa ação (ou um ato de estoicismo) e de uma demonstração de confiança em alguém que culmina no prêmio final, no drama do "Você sabe com quem está falando?" somos punidos pela tentativa de fazer cumprir a lei ou pela ideia de que vivemos num universo realmente igualitário. Pois a identidade que surge de dentro do conflito é que vai permitir hierarquizar pela possibilidade de fazer cumprir a lei. A moral da história é a seguinte: confie sempre em pessoas e em relações (como nos contos de fadas), jamais ou mais raramente em regras gerais ou em leis universais. Assim sendo, tememos com justa razão esbarrar a todo momento com o filho do Rei, se não com o próprio Rei.

É necessário estar atento para com quem se está realmente falando, o que induz a um estilo de relacionamento pessoal, íntimo e, às vezes, descontraído no Brasil, como notaram sistematicamente os estrangeiros que aqui estiveram. Não há dúvida de que temos cordialidade, mas também não parece haver dúvida, como estamos analisando, de que essa cordialidade está dialeticamente relacionada à lógica brutal das identidades sociais, dos seus eventuais desvendamentos e do fato de que o sistema oscila entre cumprir a lei ou respeitar a pessoa.

Finalmente, como um quinto aspecto do "Você sabe com quem está falando?", temos a oposição dramática e significativa de duas éticas. Uma delas é uma "ética burocrática", a outra é uma "ética pessoal" (cf. Stirling, 1968, Kenny, 1968). Quando uma regra burocrática, universalizante e impessoal perde sua funcionalidade diante de alguém que alega um laço de filiação, casamento, amizade ou compadrio com outra pessoa considerada poderosa naquele contexto, estamos diante de um dilema. Há uma moralidade rígida e universal das leis ou regras impessoais que surgem como uma feição modernizadora e são postas em prática para submeter a todos os membros da sociedade ao lado de uma outra moralidade muito mais fluida, vigente nas relações impostas através de laços de família e teias de relações sociais imperativas. Nestes elos, a ligação substantiva (de carne e sangue, ou de simpatias e afeto) permite pular a regra ou, o que dá no mesmo, aplicá-la rigidamente. Como diz o velho e querido ditado brasileiro: "Aos inimigos, a lei, aos amigos, tudo!" Ou seja, para os adversários, basta o tratamento generalizante e impessoal da lei, a eles aplicada sem nenhuma distinção e consideração, isto é, sem atenuantes. Mas, para os amigos, devemos tudo dar, inclusive a possibilidade de tornar a lei irracional, colocando-os fora do seu alcance. A lógica de uma sociedade formada de "panelinhas", de "turmas" e de busca de projeção social — como bem percebeu Anthony Leeds no curso de um importante trabalho (1965) — jaz, como estamos mostrando aqui, na possibilidade de ter um *código duplo* relacionado tanto aos valores da igualdade quanto aos da hierarquia.

Esse ponto deve ser mais elaborado. Examinemos nossos casos uma vez mais. O que vemos é uma situação onde se deseja, pelo uso do "Você sabe com quem está falando?", passar por cima (ou por baixo) de uma lei (ou regra universal). Mas também encontramos casos nos quais a lei está ausente, e onde o "Você sabe com quem está falando?" serve para invocar a lei (como acontece nos casos 6 e 10). Há também a possibilidade de invalidar a lei. Ou fazer valer a lei, encarnando-a em alguém que passa a ter autoridade sobre os outros e o comando da situação.

No fundo, o que distinguimos nitidamente são múltiplas situações nas quais o "Você sabe com quem está falando?" se aplica para ordenar relações sociais envoltas no manto nublado da igualdade. Assim, diante da lei, pode-se dela fugir; e, na ausência da lei, pode-se nela confiar. Em ambas as situações, existe uma separação concreta entre a pessoa e a norma; entre uma lei geral, impessoal, universal, e a pessoa que se define como especial e merecedora de um tratamento pessoalizado, distinto e singular. Com isso, o que se evita é a igualdade perante a lei e o consequente tratamento diferenciado conquanto igualitário. Nesses casos, temos a hierarquização dos iguais perante a lei, a reversão da autoridade (quando o guarda de trânsito nada pode fazer contra o oficial do Exército) e a fuga do sistema em geral (caso da alfândega).

Não é preciso dizer que estamos diante dos traços que marcam quem tem uma posição superior ou dominante. Quem, numa palavra, é alguém no nosso sistema. O caso oposto é o da ausência da lei, em situações ambíguas igualmente, entretanto, marcadas pelo igualitarismo individualista. Nesses episódios, queremos aplicar a lei, e a violência é um recurso possível (ver caso 8) para ordenar uma situação na qual alguém nos "falta com o respeito", sinal de que as distinções hierárquicas não estão sendo mantidas.

O sistema, então, como será agora minha tarefa elaborar, opera em dois níveis distintos: um que particulariza até ao nível biográfico, e outro que universaliza e é significativamente chamado de "legiferante". Nele, há a noção de que tudo pode ser resolvido por meio de normas, o que leva a um excesso legislativo, pois essa concepção evitaria o contato direto entre os indivíduos, conforme chama a atenção, num outro contexto, Crozier (1964: 221-236). É como se tivéssemos duas bases através das quais pensássemos o sistema. No caso das leis gerais e da repressão, seguimos sempre o código burocrático; mas no caso das situações concretas, daquelas que a "vida" nos apresenta, seguimos o código da moralidade pessoal, tomando a vertente do "jeitinho", da "malandragem" e da solidariedade como eixo de ação.

Na primeira escolha, a unidade é o *indivíduo*; na segunda, a *pessoa*. A pessoa merece solidariedade e um tratamento diferencial. O indivíduo, ao contrário, é o sujeito absoluto da lei, é o foco abstrato para quem as regras e a repressão foram feitas. Dessa separação, se pode derivar muitas consequências.

Das distinções entre indivíduo e pessoa

As considerações que fizemos até agora sugerem alguns pontos importantes, como as oposições entre o pessoal e o impessoal, o público e o privado, o anônimo e o conhecido, o universal e o biográfico. Tudo, como vimos, conduzindo à descoberta de que, no sistema brasileiro, é básica a distinção entre o *indivíduo* e a *pessoa* como duas formas de conceber o universo social e de nele agir.

Os casos do "Você sabe com quem está falando?" parecem indicar que o uso do rito de autoridade expressa uma tentativa de transformação drástica da universalidade legal para o mundo das relações concretas, pessoais e biográficas.

Quando a situação inicial é ambígua ou aparentemente definida pela superioridade da autoridade impessoal (o policial, o agente alfandegário, o guarda de trânsito, o guardador de automóveis, o vigia, o servente, o balconista, o garçom, o caixa, a secretária etc.), o "Você sabe com quem está falando?" opera como um mecanismo de devolução dos envolvidos aos seus lugares, revelando, em consequência, o paradoxo da aplicação de uma lei universalizante a qual atua dependendo de quem é, de fato, o seu sujeito.

Nestes contextos, simplesmente apaga-se a noção de cidadania. Mas nos casos nos quais a ambiguidade parece patente — como ocorre quando há uma confusão entre indivíduos aparentemente iguais que deveriam teoricamente gozar dos mesmos direitos perante a lei — a mesma expressão serve para dividir os iguais e buscar ordenar sub e supercidadanias.

Um dos denominadores comuns de todas as situações, porém, é a separação ou diferenciação social. Um ponto crítico aqui é que o "Você sabe com quem está falando?" desmascara situações e posições sociais. Como já vimos, numa cidade pequena não se usa essa forma de fuga do anonimato, simplesmente porque o anonimato não existe. O mesmo ocorre em sociedades tribais, onde a posição numa família, o fato de se possuir um certo conjunto de nomes ou de se pertencer a uma dada linhagem já definem a pessoa como tendo certas prerrogativas sociais. Na Índia, onde, segundo Dumont (1970a, 1970b, 1975, 1977), há um sistema social governado pelo princípio da hierarquia, a precedência cerimonial opera em todos os níveis — da roupa à comida, da profissão ao casamento, do nascimento à morte, tudo se passa como se a Índia fosse um conjunto de múltiplas sociedades relativamente independentes umas das outras, já que o sistema de castas é — como indicou Bouglé (1971) — um sistema que se autorrepele.

No caso do Brasil, o dinamismo revelado pelo uso do rito permite passar de um estado a outro: do anonimato (marcado pela igualdade e pelo individualismo fundador da cidadania moderna) a uma posição bem definida e conhecida (que expressa a hierarquia e a personalização); a uma situação hierarquizada, na qual uma pessoa deve ter precedência sobre a outra. Em outras palavras, o "Você sabe com quem está falando?" permite restabelecer a pessoa onde antes havia um indivíduo.

Vale elaborar esse ponto.

As noções de *indivíduo* e de *pessoa* são fundamentais na análise sociológica, muito embora se possa descobrir (como tem feito Dumont, 1965, 1970a, 1970b, 1977) que, sendo a sociologia um produto de uma formação social na qual o *indivíduo* (e as noções que a ele correspondem de individualismo e igualitarismo) é dominante como categoria e unidade filosófica, jurídica, política, social, econômica e religiosa, ela tem sido projetada etnocentricamente servindo para exprimir realidades nas quais ela só teria existência "empírica" (ou natural). Sua existência como fato social somente surgindo em situações especiais. A sociologia tem primado pelo uso e abuso da noção de indivíduo (e de individualismo) no estudo de realidades culturais e ideológicas não ocidentais, o que, nos últimos anos, tem sido relativizado criticamente, sobretudo pelo trabalho de Dumont.

Por outro lado, a noção de pessoa surgiu claramente com Marcel Mauss (1974), num artigo clássico no qual ele acompanha a trajetória da noção que recobriria a ideia original de *personagem*, que vai sendo progressivamente *individualizada* até chegar à noção da pessoa como um "ser psicológico" plenamente marcado por autonomia emocional e jurídica. Nota-se perfeitamente a ideia de Mauss de que a pessoa era de fato um ponto de encontro entre a noção de indivíduo psicológico e uma unidade ou um papel social. Mas é importante observar que, para ele, a noção de pessoa desembocava na figura de um indivíduo.

As mesmas oscilações surgem também na obra de A. R. Radcliffe-Brown (1973) e de outros antropólogos ingleses, já que a noção de indivíduo tornou-se uma espécie de problema na antropologia social britânica, como demonstram Viveiros de Castro e Benzaquen de Araújo (1977). Aqui, é meu interesse tentar mostrar, seguindo Dumont, que a noção de indivíduo é também social. Em seguida, desejo revelar que a ideia de indivíduo pode ser posta em contraste com a de pessoa (também uma construção social), que exprime o aspecto relacional da realidade humana. E, finalmente, espero demonstrar como as duas noções permitem introduzir na análise sociológica o dinamismo necessário capaz de revelar a dialética do universo social com uma larga aplicação, sobretudo no caso do Brasil.

O primeiro ponto a ser estabelecido é que a ideia de indivíduo comporta três eixos básicos. Num plano, temos a noção empiricamente dada do indivíduo como realidade concreta, natural, inevitável, independente das ideologias ou representações coletivas e individuais. Sabemos que não há formação social humana sem o indivíduo. Mas entre reconhecer a existência empírica do indivíduo e conceituá-lo como uma unidade social relevante e ativa, capaz de gerar os ideais concomitantes de individualismo, igualitarismo e de autonomia e liberdade, um fato social e histórico, objetivamente dado, é um produto do desenvolvimento de uma formação social específica: a civilização ocidental. É só nesta sociedade que a ideia de indivíduo foi apropriada ideologicamente, sendo construída a ideologia do indivíduo como centro e foco do universo social. Como uma entidade que contém dentro de si a sociedade, como provam os nossos mitos de Robinson Crusoé, dos super-homens das histórias em quadrinhos aos *cowboys* solitários e detetives particulares.

O ponto aqui é o seguinte: embora toda a sociedade humana seja constituída de indivíduos empiricamente (ou naturalmente) dados, nem toda a sociedade toma esse fato como *ponto central* de sua elaboração ideológica. Sendo assim, embora não reste dúvida de que Mauss está certo quando diz que "é evidente (...) que jamais houve ser humano que não tenha tido o sentido, não apenas do seu corpo, como também de sua individualidade a um só tempo espiritual e corporal" (1974: 211); é igualmente certo — como diz o mesmo Mauss — que a ideia de pessoa, do "eu", nasceu e "muito lentamente cresceu no curso de muitos séculos e através de muitas vicissitudes, a ponto de, ainda hoje, ser flutuante, delicada, preciosa e estar por ser elaborada" (1974: 209).

É essa elaboração social que nos interessa, pois é a partir dela que são construídas as ideologias. Assim, o sociológico, ou melhor, o social, é aquilo que é tomado do empiricamente dado em qualquer esfera e conscientemente elaborado por alguma entidade, de modo que ela possa tornar-se um *valor* — criar uma perspectiva.

A ideia de indivíduo recebeu duas elaborações distintas. Numa delas, tomou-se a sua vertente mais individualizante, dando-se ênfase ao "eu individual", repositório de sentimentos, emoções, liberdade, espaço interno, capaz, portanto, de pretender a *liberdade* e a *igualdade*, sendo a solidão e o amor dois de seus traços básicos (cf. Viveiros de Castro e Benzaquen de Araújo, 1977), bem como o poder de optar e escolher, um dos seus traços mais fundamentais. Nessa construção, a parte é mais importante que o todo. E a noção geral é a de que a sociedade deve estar a serviço do indivíduo, o contrário sendo uma injustiça que importa corrigir.

Outra vertente importante do indivíduo natural ou empiricamente dado, entretanto, é a elaboração do seu polo social. Aqui, a vertente desenvolvida pela ideologia não é mais a da igualdade paralela de todos, mas a da complementaridade de cada um para formar uma totalidade que só pode ser constituída quando se tem todas as partes. Em vez de termos a sociedade contida no indivíduo, temos o oposto: o indivíduo contido e imerso na sociedade. É essa vertente que corresponde à noção de *pessoa* como a entidade capaz de remeter ao todo, e não mais à unidade, e ainda como o elemento básico através do qual se cristalizam relações essenciais e complementares do universo social.

Como se observa, as duas noções são básicas, e ambas existem em todas as sociedades humanas. Ocorre apenas que a noção de indivíduo, enquanto unidade isolada e autocontida, foi mais desenvolvida no Ocidente, ao passo que nas sociedades holísticas, hierarquizantes e tradicionais a noção de pessoa é dominante. Mas — e esse ponto é importante — as duas noções estão sempre presentes, e de fato existe uma dialética entre elas. É essa dialética que o estudo do "Você sabe com quem está falando?" permite surpreender e, assim, sugerir a importância teórica das duas categorias para a análise sociológica geral.

A noção de pessoa pode então ser sumariamente caracterizada como a vertente coletiva da individualidade, uma roupagem ou máscara que é colocada em cima do indivíduo ou entidade individualizada (linhagem, clã, família, metade, clube, partido, associação etc.) que desse modo se transforma em ser social. Quando a sociedade atribui máscaras a entidades (animais, objetos, adereços, palavras etc.) que são a ela incorporadas, ela o faz por meio de rituais, envolvendo essas entidades ou coisas que deste modo tornam-se socialmente significativas.

Isso equivale a tomar algo que antes era empiricamente dado, como uma criança, uma árvore, um pedaço de pedra, uma casa recém-construída, para nela elaborar uma relação essencial, ideologicamente marcada. É essa operação que faz o elemento tornar-se pessoa ou ser social. Nas sociedades tribais, por exemplo, a transformação da criança em pessoa implica uma série de etapas ritualmente marcadas, envolvendo quase sempre a ação física: perfuração das orelhas, dos lábios (cf. Seeger, 1975), do septo nasal etc. É como se a totalidade estivesse penetrando o elemento individualizado para, no momento mesmo dessa penetração, liquidar de vez com seu espaço interno, incorporando-o definitivamente na coletividade e na totalidade. Assim, explica-se melhor, creio, a razão do estado liminar ou marginal (cf. Van Gennep, 1978; Turner, 1967) dos noviços. É que eles são, primeiramente, *individualizados*, e como nas formações sociais tribais o indivíduo é, em geral, perigoso e por isso mesmo controlado, os neófitos têm que ser expulsos da coletividade para em seguida serem nela incorporados, agora como figuras *complementares* e como partes de uma totalidade que tem com eles uma relação essencial, interdependente ou substantiva.

Assim, em sociedades nas quais o todo predomina sobre suas partes, a marca tem que ser usada pelo resto da vida — como ocorre com os judeus. A sociedade imprimindo-se real e concretamente no indivíduo. Nessas coletividades, a máscara social não é algo que possa ser retirado, como uma vestimenta ou farda, mas é uma cicatriz, um corte, um furo, sinais de prerrogativas sociais de pertencimento geralmente marcadas por uma ideologia complementar, fundada na reciprocidade.

Por outro lado, essas incorporações são relativas. Os indivíduos são incorporados à sociedade através de mediações — primeiro numa família, linhagem, clã ou metade. Entre o ser e a totalidade não há uma relação direta, pois um segmento intermediário faz essa mediação. Neste caso inexiste a noção da sociedade como *societas*, isto é, como um grupo de personalidades individuais que de modo voluntário (e por meio de um contrato) se juntam para formar um grupo por meio de leis fixas e iguais para todos. O que existe nas sociedades tribais de modo imediato é um segmento social que estabelece as prerrogativas de cada unidade. Num sistema de castas, isso é claramente visível, pois a cada uma delas corresponde certa tarefa, e cada uma complementa a outra em termos de pureza ou impureza (cf. Dumont, 1965, 1970a, 1970b).

Pode-se agora ver com mais clareza que o lugar do indivíduo — em oposição ao lugar da pessoa — é nos sistemas onde não existem segmentos, ou melhor, onde os grupos que ocupam o lugar dos segmentos tradicionais são associações. Com efeito, o lugar do indivíduo é, como já disse Mauss, numa forma de totalidade radicalmente diferente, na *nação* (cf. Mauss, 1972, vol. III). Eu cito: "De saída, não pode haver uma nação sem que exista uma certa integração da sociedade, quer dizer, que essa nação deverá ter abolido toda segmentação: clãs, cidades, tribos, reinos e domínios feudais." E mais adiante: "Essa integração é tal que, nas nações de um tipo naturalmente acabado, não existe, por assim dizer, intermediário entre a nação e o cidadão que desapareceu (...) qualquer tipo de subgrupo; que o poder enorme do indivíduo sobre a sociedade e da sociedade sobre o indivíduo — que se exerce sem freio nem engrenagem — tem algo de não regulamentado, e que o problema que se coloca é o da reconstrução dos subgrupos, sob uma forma diferente da do clã ou do governo local soberano e, em qualquer caso, diferente de um seccionamento" (1972, vol. III, p. 290, e também Dumont, 1970b: Cap. 5).

Marcel Mauss vê com precisão a concomitância da nação, como uma nova forma de organização social e política, com a noção de indivíduo. E como, nessa modalidade coletiva, os indivíduos atuam socialmente de forma diversa.

Ou seja: na nação, os indivíduos têm na atuação social uma opção que podem exercer ou não para formar a chamada "sociedade civil". Ao passo que, nas sociedades segmentadas, complementares e tradicionais, o social não é uma opção oposta ao mundo individual. Ao contrário, ele se impõe à pessoa como parte integrante de sua consciência. Aqui, a totalidade tem na unidade — a pessoa — um dos seus prolongamentos essenciais e complementares. Não há, como ocorre na nação, o que Mauss chamou de "poder" da sociedade sobre o indivíduo e vice-versa, como ocorre na nossa dinâmica social, em que a relação entre a totalidade e a unidade é sempre problemática.

Resumindo, diria que a noção de indivíduo e de pessoa recobre as seguintes características:

Indivíduo	Pessoa
Livre, tem direito a um espaço próprio.	Presa à totalidade social à qual se vincula de modo necessário.
Igual a todos os outros.	Complementar aos outros.
Tem escolhas que são vistas como seus direitos fundamentais.	Não tem escolhas.
Tem emoções particulares.	Suas emoções seguem padrões coletivos.
A consciência é individual.	A consciência é social (isto é, a totalidade tem precedência).
A amizade é básica no relacionamento = escolhas.	A amizade é residual e juridicamente definida.
O romance e a novela íntima, individualista (obra de autor), são essenciais.	A mitologia, as formulações paradigmáticas do mundo são básicas como formas de expressão.
Faz as regras do mundo onde vive.	Recebe as regras do mundo onde vive.
Não há mediação entre ele e o todo.	A segmentação é a norma.

A dialética entre indivíduo e pessoa

A dicotomia indivíduo/pessoa sustenta teoricamente um entendimento socioantropológico do "Você sabe com quem está falando?" enquanto um ritual autoritário. Pois a dinâmica do ritual manifesta a possibilidade de passar — conforme sugerimos ao longo deste ensaio — de um polo a outro. Do indivíduo à pessoa — já que todas as sociedades, como demonstrou Durkheim, utilizam como instrumento de reflexão sociológica a noção básica de corpo e alma (cf. Durkheim, 1975: Cap. 15). Em termos da equação de Durkheim, então, diríamos que o corpo estaria mais próximo da noção de indivíduo enquanto categoria que define um espaço para as escolhas, e as emoções, por oposição fundamental com o todo. Já a alma seria uma das expressões possíveis da noção de pessoa, como a vertente que idealiza a união complementar e não contraditória da parte concreta com a totalidade fugidia e abstrata. Mas é preciso não esquecer que as duas noções estão sempre presentes em toda a sociedade humana, sendo fundamental estudar suas relações.

Sabemos que num sistema como o do Ocidente as relações entre o indivíduo e a totalidade são automáticas, lembrando mesmo a operação das máquinas de vender que existem nos Estados Unidos, em que o mediador das operações de compra e venda fica excluído e, com ele, o importante elemento que é a barganha do instrumento de englobar, como diria Polanyi (1967), o econômico no social. De fato, nesse caso, o indivíduo deve ser servido pelo Estado; o governo sendo, como dizem os americanos, uma "administração" que é tanto melhor quanto menos atua (*"the least, the best"*, diz o ditado republicano).

Nessa formação social, raros são os locais onde existem pessoas. Mas elas, evidentemente, não foram abolidas totalmente do sistema. Continuam existindo em enclaves étnicos — nos bairros de porto-riquenhos, italianos, irlandeses, judeus etc. — onde existem formas de viver por meio de um sistema imperativo de relações sociais (um sistema verdadeiramente holístico) e de utilizá-lo como recurso de poder e prestígio, como fez a Máfia e fazem sistematicamente os irlandeses, conhecidos na América por se terem apropriado de certas áreas básicas do sistema político na base de um código pessoal de relacionamento que, provavelmente, tomou de surpresa um sistema político individualista e impessoal.

Não deve ser, pois, por acaso que é no crime e na política — nesses domínios nos quais as relações face a face e as hierarquias são estruturantes — que os estrangeiros podem ser bem-sucedidos na América.[12] Mas as relações pessoais e hierarquizantes persistem nos Estados Unidos também em outras formas de organização. No racismo segregacionista que não admite meio-termo, no exclusivismo das instituições totais americanas nas quais só se pode entrar por meio de um convite, como é o caso das fraternidades, *sororities*, clubes e instituições de ensino e pesquisa.[13] A própria ideologia do sucesso — resultado claro do individualismo e do pragmatismo como valores — legitima o *talento pessoal* que distingue e subordina, criando desigualdade. Ao lado de categorias como *it, glamour, charm, sex appeal* etc. — o sucesso admite a diferença e a desigualdade em universos igualitários. A noção é, pois, reificada: o *sucesso* é algo que — como o famoso *mana* — se pode ter ou perder.

---

[12] Justamente porque — e essa é a hipótese — encontraram o aparelho policial preparado para enfrentar o ladrão ou bandido individualista, agindo de modo solitário e contra o sistema; e nunca o bandido agindo de modo organizado (hierarquicamente), fazendo valer, além das armas, a autoridade e o prestígio das relações de parentesco, amizade e compadrio, além de todas as crenças em santos, e a própria Igreja Católica Romana. Assim, o bandido social (como diz Hobsbawm, 1975) seria definido também por se utilizar das relações sociais, com elas construindo uma sociedade paralela. Foi certamente o que fez a Máfia nos Estados Unidos.

[13] Estamos pensando na alta instituição de ensino e pesquisa, onde as relações face a face são intensas, o trabalho é artesanal, a patronagem e a amizade são fundamentais, as hierarquias estão em vigor e todo o sistema tem como modelo as universidades europeias do mundo medieval. Desse modo, são muitas as instituições de alta pesquisa onde é necessário o convite para se ingressar, tal como nos clubes fechados onde existe, de fato, um *bias* ineludível de sociedade secreta ou grupo especial; e tudo isso é abundante nos Estados Unidos. A exclusividade é, pois, como já notei, um fenômeno aparentemente característico de uma sociedade com um "credo" igualitário, para usar a expressão de Gunnar Myrdal (1962), que foi o primeiro a mostrar a importância do "credo americano" para o entendimento do problema do negro nos Estados Unidos.

Quem tem sucesso torna-se uma pessoa com direito a ser tratado de modo especial. E o sucesso, como fala seu sentido básico, é algo que (tal como o carisma) *se faz* e *se tem*, além de ser uma saída — um êxito. Não é alguma coisa que *se recebe* como o nome, o sangue ou o título nobiliárquico. Vemos, pois, que a ideologia do sucesso é um modo de conciliar a diferenciação concreta dos cidadãos (que não podem ter gênero, idade ou etnia) com o ideal de igualdade. Como um modo de diferençar sem hierarquizar, pois, como sabemos, o sucesso (e toda a sua constelação de noções correspondentes) não é transmissível ou transferível socialmente.

Como membro do círculo do sucesso, os VIPs (*very important persons*) podem dispensar as filas de espera e possuem a regalia do reconhecimento especial num mundo desenhado por rostos anônimos. Eles também dispensam a tremenda solidão do universo igualitário e individualista, onde os laços de família foram rompidos, pois nunca estão sós. Como *pessoas*, estão sempre sendo complementados por alguém. É nesse mundo de pessoas, no mais alto nível de tomadas de decisões, nas esferas do alto dinheiro e do imenso poder, que Anthony Leeds encontra — e eu creio que com razão — as "panelinhas" americanas (cf. Leeds, 1965: 402, nota 8). Com essas pessoas, o sistema individualista sofre uma espécie de curvatura, deixando que nele possam operar os valores das relações pessoais, o que de certo modo e dialeticamente serve como uma justificativa para os valores rotineiros da igualdade e do individualismo.

O simétrico inverso ocorre nos sistemas tribais (e nas sociedades tradicionais), nas quais o indivíduo não deveria existir e a noção de pessoa é dominante. Nelas, o indivíduo é o homem ou a mulher, definidos como egocêntricos e interesseiros, isto é, aqueles que sucumbem aos valores mais caros do individualismo, como o utilitarismo, o logro e o lucro. Claro está que num sistema formado por uma rede de relações sociais imperativas ou axiomáticas o indivíduo é o bruxo. Ou seja: aquele que sempre pede e nada dá em retribuição — é aquele que se coloca acima dos parentes e amigos. Numa palavra, aquele que foge da totalidade e, do mesmo modo que o renunciador indiano (cf. Dumont, 1970b: Cap. 3), transforma-se, pela recusa do mundo ordinário, em indivíduo. Do mesmo modo, os afins em sistemas fortemente marcados pela solidariedade da linhagem ou da secção são igualmente vistos de forma individualizada, e assim considerados como uma fonte de perigo ou de magia negativa. Curadores são vistos do mesmo modo, bem como mediadores sociais como os chefes de pele de leopardo dos Nuer, os profetas e os heróis míticos em geral. De fato, a trajetória de todos eles é ficar fora do mundo, renunciando ao sistema social ao qual estão substantivamente ligados. Nesse limbo social, aprendem, curam, destroem, servindo como paradigmas de um modo de ação possível, mas perigoso. Em todos os casos, porém, o que temos chamado de *liminaridade* pode ser melhor traduzido sociologicamente como a individualização num universo de pessoas. A noção de indivíduo é também importante em grupos tribais, embora a categoria seja utilizada para explicar o excepcional, não o homem corrente, submetido ao sistema de relações sociais.

A visão conclusiva é que existe uma complexa dialética entre o indivíduo e a pessoa, correspondendo de perto à dicotomia do *Homo duplex* de Durkheim. Pois, na oposição entre corpo e alma, Durkheim viu o drama universal daquilo que, para mim, está expresso nas categorias de pessoa e indivíduo, como as duas vertentes ideológicas ligadas ao indivíduo como uma realidade empírica.

Teríamos, então, sistemas que privilegiam o indivíduo e sistemas que tomam como centro a pessoa. Haveria a possibilidade de termos sistemas onde as duas noções seriam básicas? Minha resposta é positiva, e o estudo do "Você sabe com quem está falando?" parece indicar a importância de ambas as noções. Pois de um lado temos a ênfase numa lei universal (cujo sujeito é o indivíduo), sendo apresentada como igual para todos; e, de outro, temos a resposta indignada de alguém que é uma pessoa e exige uma curvatura especial da lei. Em sistemas assim — e suponho que podemos incluir aqui todas as sociedades chamadas mediterrâneas —, temos as duas noções operando de modo simultâneo, devendo a pesquisa sociológica localizar os contextos em que o indivíduo e a pessoa são requeridos.

No caso específico do Brasil, tudo indica termos uma situação em que o indivíduo é que é (sem dúvida) a noção moderna, superimposta, entretanto, a um poderoso sistema de relações pessoais. Assim, o "Você sabe com quem está falando?", o carnaval, o futebol, e a patronagem são fenômenos estruturais, permitindo descobrir uma dialética que torna complexa a operação do sistema no nível puramente econômico, como têm notado alguns estudiosos brasileiros como Raymundo Faoro (1975), Otávio Velho (1976) e Simon Schwartzman (1975).

Em formações sociais desse tipo a oposição *indivíduo/pessoa* é sempre mantida, ao contrário das sociedades que fizeram sua "reforma protestante", quando foram destruídos, como demonstra Max Weber (1967), os mediadores entre o universo social e o individual. No mundo protestante, desenvolveu-se uma ética do trabalho e do corpo, propondo-se uma união igualitária entre corpo e alma. Já nos sistemas católicos, como o brasileiro, a alma continua superior ao corpo, e a pessoa é mais importante que o indivíduo. Sendo assim, continuamos a manter uma forte segmentação social tradicional, com todas as dificuldades para a criação das associações voluntárias que são a base da "sociedade civil", fundamento do Estado burguês, liberal e igualitário.

Temos, então, no Brasil, ao lado do "Você sabe com quem está falando?", as famosas expressões paradoxais, *"preto de alma branca"* e *"dinheiro não traz felicidade"*, ao lado da equação segundo a qual trabalho é igual a castigo e riqueza é sinônimo de sujeira, de coisa ilícita. Basta ler alguns aforismos de Benjamin Franklin (in Weber, 1967) para ver como a ideia do capitalismo é de *entrar* no mundo, e não *fugir* ou a ele *renunciar*, como parece ser o caso entre nós. Desse modo, no sistema protestante (e capitalista), o corpo vai junto com a alma, o dinheiro segue o trabalho, e o indivíduo faz o mundo e suas regras. Já entre nós o corpo é menor que a alma; dinheiro e trabalho são coisas separadas e são as pessoas que comandam. A ideia é a de uma sociedade segmentada por meio das oposições clássicas entre homem/mulher, velho/moço, rua/casa, boa vida/trabalho, nacional/estrangeiro. Temos, como indiquei, modos muito mais poderosos de compensar as diferenças econômicas, já que o sistema, insisto, é múltiplo e permite várias classificações.

Em termos da dialética do indivíduo e da pessoa, temos um universo formado de um pequeno número de pessoas, hierarquizado, comandando a vida e o destino de uma multidão de indivíduos que devem obedecer à lei. O mundo divide-se, então, numa camada de personalidades, de autoridades e "homens bons" que fazem a lei e uma multidão — um "povão" — de comuns. Num polo temos a sociedade dos "donos do poder", para usarmos a expressão de Faoro (1976); noutro, o projeto da nação burguesa e capitalista. A oposição fundamental é a de indivíduo e pessoa como, aliás, já havia posto Alceu Amoroso

Lima no seu *A realidade americana* (1955). Nos Estados Unidos, a realidade é, para Amoroso Lima, formada de indivíduos, ao passo que no Brasil a unidade social é a pessoa. Nem lá nem cá desapareceram o indivíduo ou a pessoa. Apenas balanceou-se o sistema de modo diverso.

No Brasil, são inúmeras as expressões que denotam o desprezo pelo "indivíduo", usado como sinônimo de gente sem princípios, um elemento desgarrado do mundo humano e próximo da natureza, como os animais. Daí a expressão "indivíduo" ser frequentemente utilizada na linguagem policial.

Utilizamos então expressões como "aquele indivíduo sem caráter", ou "o indivíduo assassinou o menino sem piedade" etc., tomando a individualização no seu sentido literal, para exprimir a realidade de alguém que foi incapaz de dividir-se, de dar-se socialmente. Ficando *indivisa*, aquela criatura não foi capaz de ligar-se na sociedade, não foi penetrada por ela, como ocorre quando se é uma pessoa. Daí, no Brasil, o individualismo ser também um sinônimo e expressão cotidiana de *egoísmo*, um sentimento ou atitude social condenado entre nós.

Tudo isso parece plausível numa sociedade semi-hierarquizada e segmentada, mas com uma forte dose tanto de individualismo quanto de igualitarismo? Nela, individualizar significa, antes de tudo, desvincular-se dos segmentos tradicionais como a casa, a família, o eixo das relações pessoais como meios de dar sentido pleno ao mundo. Mas ao lado disso deve-se buscar uma ligação direta com o Estado, por meio de associações voluntárias como o sindicato, o partido político e os órgãos de representação de classe. Para isso, entretanto, é preciso abrir mão dos direitos substantivamente dados pelo sangue, pela filiação, pelo casamento, pela amizade e pelo compadrio. Nisso, reside o dilema.

Indivíduo, pessoa e a sociedade brasileira

Parece frutífero estabelecer a distinção entre pessoa e indivíduo que parece básica na interpretação sociológica, sobretudo em se tratando de uma sociedade como a brasileira, em que a distinção existe no nível concreto, sendo inclusive ideologicamente apropriada.

Diferentemente da Índia, que exclui sistematicamente o indivíduo — exceto quando ele se torna um personagem extramundano —, ou dos Estados Unidos, que excluem sistematicamente a pessoa — exceto quando ela se torna, por meio do carisma ou talento, uma celebridade —, no Brasil, nós oscilamos entre essas categorias.

Em razão disso, podemos exprimir a realidade social brasileira por meio de um código duplo, como tem sido percebido por um grande número de estudiosos do nosso cenário cultural. Temos um código ligado à moralidade pessoal, ao misticismo, à coragem, à valentia e à aristocracia. Essas esferas nos remetem a valores como a caridade e a bondade, cujo foco é um *sistema de pessoas* concebidas como complementares, todas sendo necessárias para compor o quadro da vida social brasileira.

Num sistema de pessoas, todos se conhecem, todos são "gente". Todos se respeitam e custam a ultrapassar seus limites. Vale dizer: todos conhecem seus lugares e ali ficam satisfeitos. É esse sistema de pessoas que sustenta o universo social segmentado em famílias, grupos compactos de profissionais, bairros e a famosa e sempre presente ideologia ariana e racista que hierarquiza ou ajuda a ordenar nossas relações. Mas o mundo contém igualmente um imenso contingente de indivíduos para os quais são feitas as leis, as quais, a partir da república, devem valer para todos como cidadãos. Mas, se temos um segmento governado mais por suas relações do que por leis impessoais, surge um dilema e se estabelece a confusão entre a regra e o seu autor, que, por realizá-la materialmente, pode deixar de segui-la.

No universo de pessoas encontramos os medalhões, os figurões, os ideólogos, as pessoas-instituições (com o perdão da redundância): aqueles que não nasceram, foram fundados. É ainda aqui que encontramos os líderes, eles mesmos encarnando — como já havia observado Lévi-Strauss em *Tristes trópicos* (1955: 124) — as correntes sociais que defendem e desejam implementar. De fato, a superpessoa no Brasil tende a entrar num plano que chamo de *Nirvana social*, uma zona na qual ela está acima e além das leis e possíveis acusações, passando a ser o que nós chamamos de "nosso patrimônio" ou, melhor ainda, "patrimônio brasileiro ou nacional".

Essa é a esfera das pessoas cujos pedidos não podem ser recusados, cuja obra não pode ser atacada, cujo rosto não pode ser desconhecido, cuja *projeção* — e a expressão é significativa, como já notou Leeds num trabalho de 1965 — é avassaladora e cujo *prestígio* (eis outra palavra básica do nosso vocabulário político) não deve ser subestimado.

E não é preciso acrescentar que são essas pessoas — ou entidades — que aglutinam em torno de si vastas clientelas e veiculam articuladamente as posições ideológicas. Não é preciso também dizer que é a partir de tal perspectiva que nasce a necessidade de pensar o mundo como densamente hierarquizado, pois que ele é de fato dinamizado por *superpessoas*.

Do ponto de vista cultural, o grupo superior não representa, mas engloba (Dumont 1970a, 1970b) os inferiores, fazendo com que seus objetivos sejam os alvos de todo o sistema, pois que falam em seu próprio nome e, sobretudo, em nome dos "inferiores estruturais", sempre denominados de "povo" (eis outra palavra básica no nosso vocabulário político). O povo é, pois, sempre a entidade popular, massificada, pura e possante que está do nosso lado. Quando é o adversário que o invoca, não é o "povo", trata-se de um setor de classe ou, o que é pior, de um pedaço de uma execrável "classe média". Porque o "povo" é sempre generoso, sempre certo e, como consequência de tantos atributos positivos, sempre idealizado e manipulável. Sua vontade — que ninguém precisa conhecer — é a vontade abrangente das *pessoas* que falam por ele. Do mesmo modo que o inferior estrutural usa a figura projetada do seu patrão para com ela se identificar e assim poder legitimar sua superioridade quando usa o "Você sabe com quem está falando?", o superior estrutural, a *pessoa*, engloba seus inferiores, vistos coletivamente como "povo", e — reitero — fala com e por eles. De fato, o papel mais utilizado pelas "pessoas" nas suas relações com o outro é a hierarquia em que o superior sempre "sabe o que é bom" para o inferior. Numa palavra, o superior engloba e guia o inferior, evitando que o "povo" seja enganado e aviltado nos seus "direitos".

No Brasil, então, temos "representantes do povo", e não representantes de setores da sociedade, caso em que o mundo ficaria dolorosamente concreto e povoado de crises e de interesses.

É uma obrigação das "pessoas" para com "o Brasil" conduzir o sistema social, pois é sua a responsabilidade de dirigir o mundo e nele introduzir as ideologias que deverão modificá-lo. As ideologias vindas espontaneamente dos inferiores são vistas sempre como "inocentes" ou "ingênuas", presas fáceis de grupos mal-intencionados ou oportunistas.

Mas tudo que vem de cima é sagrado e puro. É alguma coisa que tem uma legitimidade indiscutível e deve ser "levada a sério". Eis, em outros termos, o mesmo universo que Lima Barreto descreveu como sendo constituído de "brâmanes" — ou seja: de uma camada ou segmento que "cuida" exclusivamente das tarefas políticas, estéticas, científicas e morais, as quais assumem uma intensidade quase religiosa. Ou, como diria um letrado em Marcel Mauss, uma elite que se representa como um "fato social total".

É também aqui, na esfera das pessoas, que aparece, como em todo o sistema hierarquizado, a ideologia da bondade e da caridade, que constitui um dos pontos altos de nossas definições enquanto povo, como acentua Thales de Azevedo (cf. 1966: 54). Temos a caridade, jamais a filantropia (que é um sistema de ajuda ao próximo institucional e impessoal), e assim reforçamos as "éticas verticais" que, ligando um superior a um inferior pelos sagrados laços da patronagem e da moralidade, levam à hegemonia das relações hierárquicas. O mundo é visto como sendo feito de fortes e fracos, ricos e pobres, patrões e clientes, uns fornecendo aos outros aquilo de que eles não dispõem. Em outras palavras, as relações não são vistas como unindo indivíduos (ou camadas individualizadas), mas pessoais. De fato, poder-se-ia falar, com Dumont (1970b: 141), que a realidade não é o indivíduo, mas — como ocorre claramente no caso da umbanda e do catolicismo popular — a relação. O par é importante, pois é o laço que permite superar as diferenças individuais, construir uma ponte entre camadas e desenhar um todo. Tais são os elementos dinâmicos que instituímos no nosso sistema de relações pessoais.

Esse sistema é um dado estrutural da nossa sociedade.

Não é preciso insistir que é nesse universo social que a arma do "Você sabe com quem está falando?" opera de modo vigoroso. Pois se as categorias de indivíduo e pessoa nos ajudam em alguma coisa, é na definição de um universo social dual, composto de uma vertente pessoal (em que tudo tende a gradação) e de outra, impessoal e individualizante (em que logo surgem a igualdade e o conflito).

O primeiro, já vimos, funda-se nas regras do *respeito* e da *honra* (cf. Pitt-Rivers, 1965; Campbell, 1964; Cutileiro, 1971; Viveiros de Castro, 1974), um ponto crítico de sistemas nos quais se tem pouca tolerância para com a igualdade e o individualismo lidos como autonomia e liberdade, como fugas do império dos laços de *consideração*. A "honra", como o "respeito", serviria, entre outras coisas, para estabelecer gradações de poder e autoridade entre pessoas e famílias, fazendo desaparecer a igualdade social pressuposta na lei. O mesmo ocorre com o "respeito", que, na excelente demonstração de Viveiros de Castro (1974), fica como que a meio caminho entre a igualdade dos "homens livres" (mas, repito, sem a ideologia do igualitarismo e do individualismo) e a hierarquização (mas sem a plenitude de uma aristocracia que fica na saudade dos velhos tempos nos quais tudo "estava nos seus lugares").

Mas é preciso reconhecer a força contida na vertente individualizante. Ela está presente em nosso aparato legal, pois as leis foram feitas para os indivíduos e em função do postulado da igualdade axiomática de todos perante a lei. De fato, o universo dos indivíduos é constituído daquele plano da impessoalidade das leis, decretos e regulamentos os quais têm como pressuposto uma aplicação neutra e direta. Esse é também o universo dos serviços permanentes do Estado, sempre gratuitos, sobretudo no que diz respeito à saúde e à educação. As leis e os regulamentos, com seu caráter impessoal e automático, guiam o mundo massificado dos indivíduos (lidos nesse nível como "carentes") a quem as leis e regulamentos se aplicam de modo integral, e para quem — afinal — foram feitos.

Pode-se agora parodiar o célebre ditado brasileiro já mencionado, repetindo: "aos malnascidos, a lei; aos amigos, tudo!"; ou, "aos indivíduos, a lei; às pessoas, tudo!",[14] que significa: a quem está inserido numa rede socialmente significativa de dependência pessoal, tudo; a quem está isolado e diante da sociedade sem mediações pessoais, a lei! Pois somente os indivíduos frequentam as delegacias de polícia, os tribunais, as filas, a medicina e a educação públicas. Também são os indivíduos que servem ao exército, na longa tradição de transformar em soldado apenas os escravos e deixar os filhos de boa família do lado de fora da corporação que torna todos em números e impessoaliza na farda e no *etos* a soldadesca, vista aqui como composta de indivíduos, jamais como "filhos de família".

Os medalhões, as pessoas, não foram feitos para essas leis que igualam e tornam os indivíduos meros recipientes, sem história, relações pessoais ou "biografia". Assim, os que recebem a lei automaticamente ficam um pouco como os desgarrados, indigentes e párias sociais. Sim, porque para nós depender de um órgão impessoal (seja particular ou de Estado) é revelar que não se pertence a nenhum segmento. É mostrar que não se tem família ou padrinho: alguém que nos "dá a mão" ou pode "interceder por nós".

No Brasil, o indivíduo (sobretudo no papel de cidadão) entra em cena todas as vezes em que estamos diante da autoridade e da lei a ser aplicada para todos. É nestes contextos, já vimos, que usamos o "Você sabe com quem está falando?" ou formas mais violentas ou sutis e brandas de revelar nossa "verdadeira" identidade social. Então, não somos mais cidadãos da República, iguais perante a lei, mas pessoas da "sociedade", relaciona-

---

[14] Lembro que, no Brasil, ser "bem-apessoado" vale um emprego.

das essencialmente a certos cargos e personalidades situados acima da lei.

Desenvolvendo ao longo dos anos essa maneira de hierarquizar e manter hierarquias, criamos os *despachantes* ou *padrinhos para baixo*, esses mediadores que fazem as intermediações entre a pessoa e o aparelho de Estado quando, em meio a uma ineficiente e agressiva impessoalidade, se deseja obter um documento como o passaporte ou a nova placa do automóvel. Se todos são iguais para tirar o passaporte ou emplacar o carro, as pessoas — contratando um despachante — podem dispensar filas, bem como, e sobretudo, um tratamento impessoalizado, quando se está sujeito aos vexames de uma etiqueta de espera humilhantemente igualitária que é um sinônimo de tratamento inferior.

O despachante, então, *esse padrinho para baixo*, garante um tratamento diferenciado em locais onde operam regras indiferenciadas. Sua lógica de funcionamento é a mesma do *padrinho* (ou *mediador para cima*) que nos relaciona a pessoas poderosas ou importantes ao mundo sem a indiferença geral, mas *como pessoas*.

No sistema social brasileiro, a lei universalizante e igualitária é utilizada frequentemente como um elemento fundamental de sujeição e diferenciação política e social.

Em outras palavras, *as leis só se aplicam aos indivíduos e jamais às pessoas*; ou, melhor ainda, receber (e obedecer) a letra tida como "fria e dura da lei" é tornar-se imediatamente um indivíduo.

Poder personalizar a lei é mais do que um objetivo. No Brasil, esse processo é a demonstração de superioridade: que se é uma pessoa. Desse modo, o sistema legal que define o chamado "Estado liberal moderno" ou um redundante "Estado democrático de direito" serve como mais um instrumento de exploração social, tendo um sentido muito diverso para os diferentes segmentos da sociedade e para quem está situado em diferentes posições no sistema. Já o conjunto de relações pessoais com suas éticas de simpatia e a presunção de inocência expressas no "esse eu conheço!" é sempre um operador que ajuda a subir na vida, neutralizando, amaciando e compensando a outra vertente. No mundo jurídico-político, isso se exprime no tal foro privilegiado, parte estrutural que axiomaticamente induz a uma justiça injusta e demolidora das práticas de justiça.

Fabricar leis no Brasil, portanto, é uma atividade que tanto serve para atualizar ideais democráticos quanto para impedir a organização e a reivindicação de certas camadas da população. Aquilo que tem servido como foco para o estabelecimento de uma sociedade em que o conflito e o interesse dos diversos grupos podem surgir claramente — o sistema das leis que serve para todos e sobre o qual todos estão de acordo — transforma-se num instrumento de aprisionamento da massa que deve seguir a lei, sabendo que existem pessoas bem relacionadas que pouco lhe obedecem.

Eis o centro do dilema brasileiro.

De um lado a regra universal que, em vez de corrigir as desigualdades, passa a legitimá-las, posto que as leis tornam o sistema de relações pessoais mais solidário, mais operativo e mais preparado para superar as dificuldades postas pela autoridade impessoal da regra. Por termos leis geralmente drásticas e impossíveis de serem rigorosamente acatadas, acabamos por não cumprir nenhuma lei. Assim, utilizamos o clássico "jeitinho", que nada mais é do que uma variante cordial do "Você sabe com quem está falando?" e de outros contornos autoritários que facilitam e permitem pular a lei ou nela abrir uma honrosa exceção que a confirma socialmente.

Mas os recursos ao "jeitinho" e ao "Você sabe com quem está falando?" acabam por engendrar um fenômeno muito conhecido e generalizado: a total desconfiança nas regras e nos decretos universalizantes. Essa desconfiança, entretanto, gera sua própria antítese, que é a esperança permanente de vermos as leis serem finalmente implementadas e cumpridas.

Julgamos, deste modo, que a sociedade pode ser modificada pelas boas leis que algum governo venha finalmente estabelecer e fazer cumprir.[15]

A força da lei é, pois, uma esperança. Para os destituídos, ela serve como alavanca para exprimir um futuro melhor (leis *para* nós e não *contra* nós), e para os poderosos ela serve como um instrumento para destruir o adversário político. Num caso e no outro, a lei raramente é vista como lei, isto é, como regra imparcial.

Legislar, portanto, é mais básico do que fazer cumprir a lei. Mas vejam o dilema: é precisamente porque confiamos tanto e ingenuamente na força fria da lei como instrumento de transformação que esquecemos inteiramente o originalmente poderoso protagonismo dos costumes que dialeticamente tornam as leis inoperantes. Sem compreender que o sistema de relações pessoais tem mais poder que as regras que pretendem o enfraquecer ou destruir, o resultado é que esse sistema da

---

[15] Observo que esse foi um ponto importante das campanhas eleitorais da UDN e se constitui num dos pontos-chave da nossa vertente *caxias*. Nesse caso, supomos que, para o Brasil melhorar, basta cumprir as leis existentes. Noto que o *caxias* é precisamente quem, entre outras coisas, assim procede.

casa, da família e dos amigos torna-se cada vez mais vigoroso, de modo que temos, de fato, uma estrutura alimentando a outra.[16]

As áreas de passagem

Mas reduzir nossa sociedade a apenas dois universos (o das pessoas e o dos indivíduos) seria simplificar demais o problema. Porque existem zonas de conflito e de passagem entre eles, e tais zonas — parece-me — são críticas para o entendimento de alguns dos nossos processos sociais.

Vimos alguns dos dilemas colocados pelas relações entre os dois sistemas, pois fica muito claro que a lei é uma faceta indissociável do "Você sabe com quem está falando?" e do "jeitinho", do mesmo modo que o *caxias* é o outro lado do malandro; e o Carnaval (festa mítica e móvel) é o reverso das procissões e das paradas do Sete de Setembro. A moralidade pessoal, todavia, com seu código de interesses, intimidades e respeitos, aciona circularmente os mecanismos jurídicos impessoais, de modo que as relações entre os dois sistemas são complexas e problemáticas.

Vejamos agora alguns casos de passagem de um sistema a outro; ou, mais precisamente, quando e como os indivíduos se transformam em pessoas e quando as pessoas se transformam em indivíduos.

Tomemos, inicialmente, a situação mais frequente. A que conforma a trajetória individual do nascimento à idade adulta,

---

[16] Chego então, creio, à raiz do que Helio Jaguaribe chamou de "Estado Cartorial" (cf. Jaguaribe, 1958: 41 ss).

quando se entra no mundo. Nesta passagem, a oposição básica é a da casa para a rua. Cada uma dessas esferas representa um local privilegiado no qual se fazem presentes, respectivamente, a pessoa e o indivíduo. Na casa, as relações são marcadas pelos laços de substância — pelo dormir e comer ao lado daqueles que, conforme cremos, nos construíram biologicamente. Numa casa (ou no "lar"), no colo da família, fazemos a primeira passagem fundamental, pois, nascendo indivíduos, somos transformados em pessoas quando ganhamos um nome no ritual do batismo e na certidão de nascimento que nos liga à sociedade inclusiva. Na casa ou no lar, só temos pessoas, e os papéis sociais são vistos como absolutamente complementares: velho/jovem; homem/mulher; pais/filhos; pai/mãe; marido/mulher; família/empregada doméstica; sala/quarto etc.

Na família e na casa, o individualismo é banido, e qualquer comportamento individualizante é vivido como uma ameaça ao grupo. Podemos dizer que, no Brasil, o domínio da família e da casa nos agasalha e protege da famosa e dramática "luta pela vida".

Mas que significa a expressão "luta pela vida" e suas congêneres "vida", "dura realidade da vida", "sair de casa para ganhar a vida", "mulher da vida", "a vida é dura"? Todas indicam a polaridade entre *casa/rua* como dois domínios sociais distintos e básicos do universo social do Brasil. O momento de sair de casa, então, é dramático. Do primeiro dia na escola ao primeiro dia no trabalho, passando por todos os rituais, como o batismo, a crisma, os aniversários e, sobretudo, as formaturas — não vou mencionar a morte! —, todos os movimentos são ocasiões para uma aguda tomada de consciência de afastamento do grupo de substância e do lar: esse ponto de referência sem competição institucional na vida de qualquer brasileiro.

Essas passagens correspondem a um movimento da pessoa (quando se está dentro da família) ao indivíduo (quando se entra no mercado de trabalho), sendo poucas as pessoas que ingressam no mundo do trabalho sem a passagem pela condição de indivíduo desconhecido e só, lutando para "ser alguém".

Normalmente, a passagem é de *pessoa a indivíduo e depois a pessoa*, quando o emprego se torna familiar e laços de simpatia, amizade e consideração são estabelecidos com os patrões ou com a instituição na qual se "ganha a vida".

Um padrão costumeiro de relacionamento social é a norma e o modelo, sendo toda mudança de emprego encarada como ter que recomeçar a transformação do emprego no lar, pois é esse o ideal. Pessoas bem-sucedidas são aquelas que conseguiram juntar a casa com o trabalho, fazendo com que um domínio seja o prolongamento do outro.

A entrada no mundo (e a saída de casa) é equivalente a conhecer a "rua", com seus mistérios e suas regras. Isso é feito através de muitos mediadores, já que sistematicamente evitamos o contato direto entre a pessoa e o domínio para o qual está passando, sob pena de transformá-la diretamente em indivíduo — num ser anônimo, sujeito às leis universais que governam o mundo. Recebemos, então, ao longo dos ritos de passagem, padrinhos, paraninfos, patrões, pistolões, entidades espirituais e santos (cf. Guimarães, 1973) que nos ajudam a enfrentar as dificuldades que a "vida" põe em nosso "caminho". A relação forte com um mediador permite que sejamos vistos de modo especial, como o "afilhado de Fulano" que, naquele domínio social, é importante. Essa, sabemos, é a norma e o ideal. Diria, pois, sem medo do exagero, que nos setores chamados de médios e altos da nossa sociedade o conhecimento do mundo e a entrada no universo do trabalho são dados pela relação muito importante com um mediador. Nesse caso, é pequeno o tempo que a pessoa vive como indivíduo.

Nestes casos, a casa domina a rua, como é característico de sociedades tradicionais, quando uma família governa a nação como se esta fosse sua própria casa: o líder sendo o pai; sua esposa, a mãe; os filhos, seus herdeiros. Não creio ser preciso mencionar os casos concretos disso, seja no Brasil, seja na América Latina. O ponto é que o chamado "populismo" tem um componente familístico claro, ligado de perto à hierarquização do mundo público em termos do mundo privado, por meio do modelo do lar e da família.

Quando isso ocorre, todos os que estão ligados à família dominante ficam automaticamente protegidos do mundo, já que o mundo (ou o país) se confunde com o seu lar. Quem fica à mercê do mundo são os que possuem laços tênues com os segmentos do poder. Aqueles que só possuem como recurso para mediar suas ligações com o mundo, a sua força de trabalho.

É aqui, precisamente, que a dicotomia indivíduo/pessoa pode ser útil. Pois a questão é a seguinte: o que ocorre com a massa de pessoas que, não tendo mediador algum, entra no mundo diretamente, sem padrinhos, pistolões ou mesmo patrões? É essa massa que constitui o mundo dos indivíduos e que está totalmente submetida ao universo da Lei. E entenda-se aqui que a palavra "lei" não significa apenas a legislação consciente legitimada e operada pelo governo, mas as próprias leis da economia reificadas como "naturais".

Sem mediadores, a massa está sujeita às leis da "oferta e da procura", das decisões e "opções governamentais", dos congelamentos salariais e das opções políticas. Essa é a massa individualizada e deslocada de seus locais de origem, onde seus membros eram tratados com respeito e consideração. Sua maioria é de migrantes deslocados,[17] passo fundamental para sua transformação em indivíduos sem representação alguma, inteiramente sujeitos às leis do mercado e do Estado. Nós os chamamos de *massa* ou *povo*, conotando assim sua extremada individualização ou falta de apadrinhamento social. Enquanto que para nós a individualização raramente ocorre — por exemplo, quando estamos sujeitos às leis do trânsito e de transporte e as de tudo o que é público —, para eles, a individualização é a regra. Apenas não estão sujeitos a ela quando acordam nos seus barracos e vivem no meio dos seus familiares e vizinhos. Mesmo nesse caso, porém, existe dúvida, pois muitos dos membros dessa massa não têm "família", essa figura que é essencial para definir a própria pessoa, o próprio ser humano entre nós.

Essa é a mais profunda experiência de exploração em sociedades semitradicionais: a de ser um indivíduo ou apenas carne e sangue numa sociedade cujo esqueleto se estrutura em hierarquias; a de ser tratado como um número ou uma massa num mundo altamente pessoalizado em que todos são "gente" e vistos com o "devido respeito", com a "devida consideração".

É na fila de tudo, e submetido a todas as regras universalizantes do nosso sistema, que se descobre o modo pelo qual a exploração se dá entre nós. Criamos até uma expressão grosseira para esse tipo de gente que *tem* que seguir imperativamente todas as leis: são "os *fodidos*" do nosso sistema. São os nossos indivíduos integrais, e é para eles que dirigimos os nossos "Você sabe com quem está falando?".

---

[17] Para um estado sociológico que toma a migração "por dentro" e confirma essa visão de mundo em que as pessoas estão desamparadas e entregues ao jugo das regras mais impessoais e, por isso mesmo, são apenas *indivíduos* (ou seja, gente sem coisa alguma), ver o importante trabalho de Cláudia Menezes (1976).

Então, não é por mero acaso que os brasileiros no exterior sentem "saudade" quando descobrem a terrível nostalgia do estado de solidão, quando se situam diante de um mundo impessoal, sem nenhuma relação de mediação e de complementaridade. Uma reação a tal estado de coisas é a atuação destrutiva que marca a conduta de certas pessoas na Europa e nos Estados Unidos, naquilo que é normalmente conhecido como a famosa "molecagem" ou "cafajestada" brasileira, e se resume aos pequenos roubos nas grandes lojas de departamento, à destruição de banheiros e telefones públicos, ao ensino de palavras de baixo calão a estrangeiros etc.

É como se estivéssemos buscando, pela violência, uma complementaridade perdida com uma vivência forçada no papel de indivíduo. Rejeitando violentamente o papel pela violação de alguma regra, talvez a complementaridade possa ser novamente alcançada.

Não deve ser também obra do acaso a relação existente entre os episódios de violência urbana e os meios de transporte coletivos, justamente quando a massa não está nem em casa (onde se está integrado como pessoa numa família ou numa vizinhança) nem no trabalho (quando a situação de estar e de pertencer a algum lugar é mais forte, ainda que possa ser, como vimos, impessoal). É enquanto "passageiro" ou "transeunte", isto é, enquanto um personagem desgarrado, episódico e individualizado do grupo primário, que somos mais suscetíveis ao uso da violência contra o sistema. É nesses papéis universais repletos de anonimato que realizamos os famosos "quebra-quebras" de trens, ônibus ou estações de barcas. Pois nessas situações vivemos não só o nível mais alto da liminaridade das pessoas, como também a maior sujeição a regras impessoais e igualitárias que, de fato, salientam a falta de respeito e consideração do sistema para com todos que ocupam, por força das circunstâncias ou não, algum papel generalizado, que individualiza. A violência serve, nesses casos, como um modo de reintegração no sistema. É uma variante do "Vocês sabem com quem estão falando?"— pois não é a violência que nos torna visíveis e, como pessoas fichadas e detidas, como transgressores, liquidamos o nosso terrível anonimato.

Nesses casos, é nítida a transformação de indivíduo em pessoa. Neles, a massa indistinta deixa de ser "povo" — que é sempre bom e que "unido jamais será vencido!"; um povo a ser protegido dos "tubarões" e "agitadores" ou da possibilidade de transformar-se em turba agitada, isto é, numa multidão com objetivos certeiros. É, contudo, apenas nessas condições que o "zé-povinho" ganha qualificativos precisos e consegue respostas das mais altas autoridades da nação.

Quando a *massa se individualiza e ganha um rosto, ela passa a ser gente.* É nesse estado que ela recebe das autoridades as promessas de consideração feitas somente em períodos eleitorais, quando, do mesmo modo, o indivíduo massificado se transforma em pessoa pelo poder do voto.[18]

Quero crer que o mesmo processo fundamental de construção do indivíduo ou da pessoa ocorra em grandes festivais coletivos como o Carnaval, quando as pessoas viram indivíduos e se sujeitam às regras gerais da "folia" e da "brincadeira" do Reinado de Momo — tornando-se anônimas, e, pela mesma regra de *inversão*, os indivíduos anônimos deixam de ser mera força de trabalho ou biscateiros do mercado marginal, tornando-se pessoas: nobres, cantores, passistas, personagens de um drama nacional no duplo sentido do termo.

O mesmo ocorre no futebol, em que as torcidas se reconhecem pela identificação com os times (e clubes) como pessoas

---

[18] Eis aqui, em minha opinião, a especificidade dos nossos "quebra-quebras".

com direitos inapeláveis na vitória e na derrota. O prêmio aqui, como no caso do Carnaval, é significativo: trata-se do direito de hierarquizar as posições dos iguais, ou de alterar as posições dos superiores, rompendo com a igualdade ou com o seu oposto pelo uso de um instrumento semelhante, reitero, ao "Você sabe com quem está falando?".

Outra transformação de indivíduo em pessoa ocorre nos casos de busca messiânica de um mundo paralelo, quando uma pessoa é estigmatizada de tal modo que perde sua posição dentro de um dado sistema ou domínio social. Transforma-se então num indivíduo, seja por doença incurável ou desconhecida, seja por perda da mulher ou desgraça pessoal — dívidas, injustiças, traições —, entrando inteiramente no mundo da rua e ficando "fora do mundo". Esse estado agudo de indivisibilidade, que parece marcar tanto o pária da Índia (cf. Dumont, 1970b) quanto o bandido social brasileiro (cf. Hobsbawm, 1975), é que permitirá — pela solidão e pela renúncia do sistema e de suas regras — o retorno compensador e complementar, já agora como um símbolo de justiça (caso do bandido social) ou como um fundador de uma seita — um universo social alternativo e paralelo, como é o caso dos movimentos messiânicos (cf. Pereira de Queiroz, 1965; Teixeira Monteiro, 1974). É esse processo que parece marcar nossos Conselheiros, Matragas e Malasartes, os quais são pessoas que tiveram que sair de seus lares e renunciar aos seus respectivos mundos. Ficaram assim individualizadas e num estado de liminaridade social, na alternativa concreta que é dada às pessoas em sistemas sociais marcados por teias de relações sociais imperativas. Isoladas do mundo, constroem pela solidão e pelo sofrimento que implica o ostracismo do seu grupo (e do mundo dos homens) uma existência alternativa, raiz dos mais legítimos processos revolucionários.

É essa transformação de pessoa em indivíduo por períodos maiores do que aqueles autorizados pelo nosso mundo rotineiro e cotidiano que deve constituir a base dos processos sociais de renúncia do mundo e de criação de modos alternativos de existência social.

Com isso podemos estudar processos sociais vistos como apartados, como o banditismo social, o messianismo, a malandragem e a violência urbana. Pois todos estão atualizando, em maior ou menor grau, as possibilidades de se passar de um universo pessoalizado a um mundo individualizado. É a transformação drástica de pessoa em indivíduo que explica todos os casos utilizando um mesmo princípio estrutural: a transição dramática de um universo marcado pelas relações e moralidade pessoais para um mundo dominado pelas leis gerais e universalizantes, sempre aplicadas para quem não tem mediadores (ou padrinhos). Assim, a violência urbana, o messianismo, o estado de criminalidade (o virar um réu) não estão distantes do "Você sabe com quem está falando?" para se constituírem num outro gênero de fatos sociais. Muito pelo contrário, todos convergem para a mesma polaridade básica, ou seja, a oposição que marca e revela um universo social dominador de pessoas (e ser uma pessoa já é um sinal de privilégio) e uma massa impotente de indivíduos subordinados à letra da lei.

À falta de relações de compadrio, amizades e elos de carne e sangue, lança-se mão da violência como o único "padrinho" possível. Ela passa, assim, a ser um mediador fundamental entre a massa impessoalizada de destituídos e o sistema legal e impessoal que torna a exploração social "inevitável" e "justa" aos olhos dos dominantes.

* * *

O estudo sociológico do "Você sabe com quem está falando?" permite apresentar e retomar uma série de problemas básicos no estudo de uma sociedade como a brasileira, deitada, por assim dizer, no berço esplêndido das leis universalizantes, mas tendo no meio do corpo um forte esqueleto hierárquico. Descobrimos como o "Você sabe com quem está falando?" remete a uma discussão muito séria das relações entre a moldura igualitária do sistema brasileiro e o sistema aristocrático (e hierarquizante), formando e guiando durante séculos as relações de senhores e escravos.

Se no decorrer do estudo tivemos dificuldades em caracterizar o Brasil como uma sociedade plenamente capitalista, com seu sistema operando somente no eixo econômico, também tivemos dificuldades em tipificar a sociedade brasileira como sendo hierárquica, como seria o caso da Índia (cf. Bouglé, 1971, e Dumont, 1970a, 1970b). A sugestão foi a de que o Brasil fica situado a meio caminho: entre a hierarquia e a igualdade; entre a individualização que governa o mundo dos mercados e dos capitais e o código das moralidades pessoais, sempre repleto de nuanças, gradações, e marcado não mais pela padronização e pelas dicotomias secas do preto e do branco, de quem está dentro ou fora, do é ou do não é, mas permitindo mais uma diferença e uma tonalidade. De fato, a sugestão é a de que, no Brasil, temos os dois sistemas operando numa relação de reflexividade de um em relação ao outro, de modo que tendemos a confundir a mudança com a oscilação de um lado para o outro. E, realmente, nada mais drástico do que a passagem do mundo das pessoas ao universo dos indivíduos. É como se fossem dois mundos diversos; mas como estão sugerindo que esses dois mundos se alimentam e, ao contrário do que pode supor nosso pensamento mais linear, eles se complementam de modo complexo. É isso, novamente, o que revela o estudo detalhado do "Você sabe com quem está falando?".

De fato, poderíamos adotar sem problemas e de modo cabal, como um fato consumado, o princípio da igualdade e a noção de indivíduo no sentido mais acabado do racionalismo burguês do século XVIII numa nação já constituída?

Tudo indica que é indispensável pôr a questão fundamental, qual seja, a das relações entre valores e ideologias sociais e sistemas econômicos e políticos. Pois se o capitalismo é sempre o mesmo em suas linhas gerais, ninguém poderá negar que ele deixa o seu berço e é aplicado em mundos repletos de preconceitos, ideias e valores. Vale dizer: como se realiza o capitalismo diante de diferentes valores culturais? Creio que, sem uma resposta a essa pergunta, estaremos fadados a discutir o mundo de um modo cada vez mais distante pelo ângulo formalístico.

Este estudo revela que, no caso brasileiro, os sistemas globais, de caráter universal, são permeados pelos sistemas de relações pessoais, fato que também tem sido verificado em outras sociedades semitradicionais como a Itália, a Espanha, Portugal e a Grécia, para não falar da América Latina (cf. Wagley, 1968).

Neles, as relações pessoais mostram-se muito mais como fatores estruturais do sistema do que como sobrevivências do passado que o jogo do poder e das forças econômicas logo irá marginalizar. Ao contrário dessa suposição linear, de tendência evolucionista e racionalista, o "Você sabe com quem está falando?" revela a complexa convivência de um forte sistema de relações pessoais, embaraçado a um sistema legal, universalmente estabelecido e racional (penso sobretudo nas leis do mercado, da estrutura política e do trânsito). Nessas áreas temos a prova de que o sistema legal (quase sempre importado) pode ser sistematicamente deformado pela moralidade pessoal, de modo que sua aplicação não se faz num vazio, mas num verdadeiro cadinho de valores e ideologias num processo complexo de aculturação.

Finalmente, foi minha intenção revelar como as noções de indivíduo e pessoa são importantes para a sociologia do Brasil e, por implicação, para o estudo sociológico de um modo geral. Postos lado a lado, os conceitos de indivíduo e pessoa permitem entender uma série de processos sociais básicos, podendo lançar luz sobretudo nas individualizações que, em universos sociais "holísticos", constituem movimentos e passagens que formam o cerne da liminaridade.

Descobrimos, então, que a liminaridade pode ser equacionada à individualização, do mesmo modo que, em universos individualistas, ela pode ser equivalente a uma intensa pessoalização, quando o indivíduo alcança o sucesso e passa a ser o foco dos desejos, aspirações e motivações de uma massa de outros indivíduos, ao se montar um sistema de "patronagem simbólica". É pelo menos isso que na área da publicidade, cinema e televisão (esses operadores fundamentais na construção dos VIPs ou superpessoas) autorizam dizer. Com isso em mente é que estudamos as passagens de pessoas a indivíduos, quando foi possível relacionar fenômenos sociais geralmente vistos como separados. Do mesmo modo, o processo pode iluminar o estudo da violência urbana, local onde, em universos semi-holísticos (ou tradicionais), a interação do esqueleto hierarquizado com os valores e ideais igualitários e individualistas tornam-se complexos e confusos.

Fabricam, acrescento nesta revisão, uma sociedade sem enredo ou propósito, algo essencial em toda coletividade humana que chamamos de "sociedade". Esses conjuntos de seres humanos interligados e cúmplices na invenção de um mesmo destino que chamamos de pátria — esse conjunto de tradições transmissíveis e inteligíveis pela língua para pensarmos, construirmos o mundo e falarmos.

2
A mão visível do Estado: Notas sobre o sentido social dos documentos na sociedade brasileira[19]

---

[19] Uma versão preliminar deste trabalho foi apresentada no Seminário: "The Challenge of Democracy in Latin America: Rethinking State-Society Relations" — IPSA/IUPERJ, realizado no Rio de Janeiro, de 4 a 6 de outubro de 1995, e publicada em *O desafio da democracia na América Latina*, Eli Diniz, Organizadora, IUPERJ, Rio de Janeiro, pp. 417-434, 1996. O tema foi tópico de conferências nas Universidades de São Paulo, Brasília, Columbia, Yale, Estácio de Sá e El Colegio de México.

Neste trabalho é minha intenção discutir o significado cultural dos documentos tomando como base o caso brasileiro.

No Brasil, a palavra "documento" circunscreve um conjunto de experiências demarcadas por uma das mais importantes exigências da cidadania moderna: o fato de cada indivíduo-cidadão ser obrigado por lei a ter vários registros escritos dos seus direitos e deveres, das suas habilidades profissionais, de sua credibilidade financeira e de sua capacidade política e jurídica junto ao Estado.

Tais provas documentais são parte do conjunto dos direitos do cidadão, do "Homem" — como se dizia antes que o movimento feminista denunciasse o proverbial e bíblico sexismo —, e foram promulgados à custa de vários conflitos, cujo alvo era transformar radicalmente o sistema, não apenas modificá-lo.

Curioso, pois, observar de saída que esses papéis foram símbolos de libertação do jugo das interações tradicionais e logo se transformaram em sinais de um impessoal e automático controle político-burocrático.[20]

---

[20] Escrevi as primeiras versões deste texto em 1997, muito antes do brutal atentado terrorista contra as torres gêmeas do World Trade Center, em Nova York, em 11 de setembro de 2001, tragédia que — no contexto americano no qual eu vivia naquela época — colocou em cena a possibilidade da institucionalização de cédulas de identidades federais, centralizadas, naquilo que para muitos seria uma expressão do controle das liberdades civis em países com tradição descentralizada ou avessos a esses documentos, como a Inglaterra. A esse respeito, ver, entre muitos outros, Preston, 2001.

Em sociedades nas quais uma teia de relações sociais imperativas confere a cada "pessoa" a sua identidade, o grupo pode dispensar a constituição do seu reconhecimento pessoal e profissional por meio de registros formais. Certificados, certidões, carteiras de identidade, atestados e provas de competência e habilitação profissional são, não só tecnologicamente inviáveis — pois as sociedades tribais são ágrafas e não têm Estado — como também dispensáveis, porque a dinâmica do sistema social bloqueia o anonimato, o isolamento e a mobilidade social.

A consciência de que a cidadania como um estado ou um direito está indissoluvelmente ligada a uma representação múltipla da capacidade jurídica, social, profissional e familiar da pessoa por meio de documentos escritos, padronizados, universais e copiados em arquivos controlados pelo Estado revela, sem dúvida, a distância existente entre a "cidadania antiga" (grega ou romana, para ficar nos casos recorrentes) e a moderna. Em sistemas tribais e arcaicos, todos se conhecem e estão implicados em teias de relações sociais nas quais a individualidade, a formalidade, a documentação escrita, a discussão da norma como tal — numa palavra-chave, a *impessoalidade* universalista, que ocupa um lugar central na vida moderna — é indesejável, reprimida se não praticamente impossível.

Impessoalidade, convém acentuar, que seguramente inventou o automatismo, esse dispositivo básico (raiz do "conforto") da vida moderna. O "automático" do "basta apertar um botão para ligar e desligar" é uma das marcas do moderno. Neutralizando ou bloqueando o esforço físico (e, com isso, as relações sociais), ele traz "conforto" e libera tempo. Mas introduz uma problemática própria ainda não investigada, como faz prova a história de refugiados e exilados políticos que, em tempos de guerra ou perseguição ideológica ou ambos, perdem a nacionalidade e, sem "documentos", são possuídos pela angústia de não pertencer, como ocorreu, entre outros, com o escritor Stefan Zweig.

Neste caso, a supressão dos documentos de nacionalidade, somada ao exílio num país desconhecido, marginal e, nos anos 1940, com uma elite governamental ambígua relativamente ao antissemitismo e ao nazismo, como a do Brasil, fazia com que entre todas as suas atribulações a que mais doía era a da supressão da nacionalidade com a devida invalidade dos papéis que a provavam e garantiam.

Sem documentos, Zweig — de acordo com seu biógrafo brasileiro, Alberto Dines — sentia-se uma não entidade. Nas suas próprias palavras: "A partir do dia em que fui obrigado a viver com papéis e passaportes estrangeiros nunca mais senti-me a mesma pessoa. Antes era escritor, agora sou expert em vistos." (Cf. Dines, 1981: 197.) Esta comovente experiência apenas arranha a importância dos documentos de identidade e o seu significado emocional nas sociedades modernas. Uma importância pouco elaborada justamente porque tal item de nossa vida social tem tanta onipresença.

Em sociedades "arcaicas" e "tribais", a "identidade" não é conferida através de documentos escritos produzidos dentro de uma lógica burocrática impessoal tida como "objetiva" e portanto universal. Nestas coletividades, o reconhecimento se faz por meio de "sinais" ou de "marcas relacionais", como cicatrizes, deformações, relíquias, traços emocionais, pinturas corporais, enfeites, recordações e aparência (insígnias, roupas, sapatos) — sinais vincados por uma relação quase sempre substantiva e imperativa, com uma forte dimensão física e emocional entre o nome e a pessoa que o recebe, como fazem prova os impecáveis estudos das sociedades tribais realizados, entre outros, por Julio Cezar Melatti.[21] No caso do Brasil, esse reconhecimento pode ser asseverado e atestado pela expressão: "Esse eu conheço! Esse eu sei quem é!" — uma prova do relacionamento pessoal garante ou prova a identidade de alguém, dispensando a objetividade formal de carteiras, certificações e diplomas. Tal duplicidade nos reconhecimentos tem o efeito de tornar tudo relativo. Imagine uma pessoa sendo reconhecida por um grupo por um laço de família e, por outro, por meio de um documento formal. De que lado, como brasileiros, ficamos?

Essa duplicidade pode muito bem explicar a nossa obsessão por cartórios e por um formalismo teleológico no qual o documento tem que ser reconhecido por um outro documento, o que causa a dúvida que a modernidade pretende abolir com um sistema único de identificação. Aliás, vale lembrar que quanto mais próximo e íntimo é o elo, mais se relativizam ou dispensam os "papéis".

Esses documentos inventados para sanar um incômodo anonimato; um sistema certamente espelhado na concepção de que cada cidadão é um ser indivisível — é um indivíduo — tal como afirma a "realidade" de sua carteira de identidade ou da carteira de identidade não como uma representação ou metonímia, mas como a sua realidade irrecorrível, válida como tal em qualquer lugar. O problema aqui é, como mostrou Franz Kafka, quando ele se descobre um inseto...

A importância dos elos pessoais e do seu protagonismo na vida social e no sistema político nacional é tão evidente que,

---

[21] Penso, sobretudo, no seu clássico, *Ritos de uma tribo Timbira*. São Paulo: Ática, 1978.

mesmo após a proclamação da República em 1889, que tornou a sociedade brasileira formalmente igualitária, foi criado um verdadeiro sistema de identificação para os ex-escravos. Um sistema relativamente preciso, mas totalmente fundado no corpo, na fala, no gesto, no temperamento e, reitero, no relacionamento.

Se os senhores e os livres sempre foram reconhecidos pelo Estado nacional através dos seus "documentos", os escravos — que (exceto o recibo de sua compra ou a sua Carta de Liberdade) não tinham nenhum certificado já que, como sugere o sociólogo Orlando Patterson, eram mortos sociais — pertenciam marginalmente à sociedade na qual tinham, paradoxalmente, tanta importância econômica e ideológica.

Eram, como bem demonstra Manuela Carneiro da Cunha (1985), "estrangeiros" em face ao Estado nacional, ao qual se ligavam exclusivamente por meio dos seus senhores. Esse sistema é descrito com detalhes num famoso estudo de Gilberto Freyre (1979) e elaborado em *Sobrados e mucambos*, quando uma abolição gradual e ambígua promoveu, a partir do início do século XIX, uma hierarquização na figura e no papel social; do escravo com várias leis. Em outras palavras escravos do eito, da oficina, do transporte, dos trabalhos mais rudes nas ruas, do transporte de carga, cais do porto e construções, verdadeiras máquinas humanas que contrastavam com os da casa e com os libertos nas suas variadas condições.

Nas cidades brasileiras, onde um "não saber quem estava falando" começa a surgir como um problema na forma de um anonimato, ativou-se a gradação ao lado dos sistemas de identificação impessoais.

No caso brasileiro, porém, tudo se passa como se o grupo estivesse realizando, como mostrou Everardo Rocha (1996), uma singular anti-identificação, pois, em vez de igualar, compartimentalizar e singularizar, conforme explicitamente reza a nossa teoria burocrática, nas sociedades tribais e tradicionais, a marca, a roupa ou o enfeite hierarquizam e integram por meio de complementaridade e de interdependência. Uma farta experiência antropológica revela bem esse ponto crítico. Em aldeias, é muito difícil gozar dos modernos esplendores de um total isolamento ou, conforme dizemos hoje em dia usando uma expressão tipicamente anglo-saxã e individualista, desfrutar do direito à "privacidade".[22]

Em sociedades tribais e arcaicas, a solidão que individualiza e forma a base de uma possível existência "fora do mundo" (cf. Weber, 1978) é vista como um método para ter uma experiência sobrenatural ou, como acentua significativamente para o argumento que estou aqui elaborando um historiador clássico, Fustel de Coulanges (1981: 210), algo pior do que morte, a mais dura das punições, era na *Cidade Antiga* o exílio: a morte social. A experiência da solidão é, assim, lida como um estado indesejável — uma "doença" ou castigo — a ser, a todo custo, evitado.

Quem, portanto, vive em solidão e individualisticamente, quem tem planos pessoais e discerne claramente seus projetos, evitando a regra de ouro de um maussiano *do ut des*, dou para

---

[22] Há muito mais para ser dito relativamente à privacidade. Pois a intimidade é garantida por lei — a casa é um território normalmente inviolável —, mas o almejado sucesso acaba por dialeticamente ir destruindo esse "direito". A projeção social, a transformação de um indivíduo em uma figura pública ou celebridade — através do desempenho bem-sucedido de um papel social específico —, inibe a representação deste mesmo indivíduo como pessoa comum: como alguém que desempenha vários papéis simultaneamente. Essa fixação num único papel inibe e corrói a humanidade da pessoa. Não se deve esquecer o *leave me alone* desesperado de Greta Garbo, a primeira "estrela" a sentir este problema. Eis um desabafo incompreensível na maioria das sociedades humanas até o advento do contratualismo igualitário e individualista.

que dês (cf. Mauss, 1974), é alvo de ressentimento, de inveja e, no limite, de acusações de feitiçaria nestas sociedades.[23] A ausência de mobilidade, aliada à baixa densidade populacional, inibe o anonimato, o formalismo burocrático e a impessoalidade. Dominadas pelo particularismo, esses sistemas privilegiam circunstâncias, fazendo com que sua vida coletiva oscile entre leis gerais e casos singulares.

Daí os códigos de ética personalizados, como fazem prova as categorias de "honra", "consideração", "respeito" e "vergonha", que determinam posicionamentos contundentes, não porque uma pessoa tenha algo contra outra, mas porque alguém do seu grupo familiar foi atingido.

É no interior de tal estilo relacional de viver que a ideia de "vingança" exprime de modo admirável que o retribuir pessoal foi marginalizado pelo individualismo, pelo igualitarismo e pela compartimentalização que dominam a vida social moderna. No entanto, até hoje se pode observar o seu apelo e força quando, dependendo do contexto, uma agressão a um membro de uma família, partido ou território é tomada como uma agressão a todos os membros da coletividade. A regra de ouro dos Três Mosqueteiros, "um por todos e todos por um", parece estar em declínio, mas os revivalismos étnicos (ou nacionais), que des-

---

[23] Neste contexto, vale mencionar que, nas sociedades tribais e arcaicas, os feiticeiros são sempre descritos como seres ambiciosos, marcados pelo egoísmo, que lutam contra a sociedade dos virtuosos altruístas; ou seja: são indivíduos! Na Idade Média, a usura, como mostram Weber (1978) e Benjamin Nelson (1948), estava incluída neste mesmo campo de determinações morais que explicitamente obrigavam a pessoa a se render ao grupo. Conforme sabemos, a Reforma transformou esse quadro, transformando paixões tidas como egoísticas em virtudes morais e interesses. Na trilha aberta por Louis Dumont (1965, 1970), elaborei esse argumento em algumas partes de minha obra. Neste livro segue uma dessas elaborações. Neste contexto vale notar como na sociedade brasileira "individualismo" é sinônimo de egoísmo e de ambição desmesurada, conforme indiquei em *Carnavais, malandros e heróis*.

troem ou reconstroem impérios, mostram que modernização e globalização não são processos de mão única.

O fato é que a ausência de mobilidade e de exploração do trabalho, o tamanho da população, os métodos de construção da pessoa em que o estigma e a mutilação ainda não foram substituídos pela criminalização, pela medicalização, pelo controle que, como indica acertadamente Carlo Ginzburg, levam a criminalizar o trabalhador e o colonizado,[24] e um conhecimento íntimo dos outros embaraços, o uso de documentos formais, exceto em casos extremos quando, precisamente por esses motivos, há dúvidas sobre a identidade de uma pessoa que esteve muito tempo ausente de sua comunidade.

Tal foi precisamente o que ocorreu no caso de Martin Guerre, ressuscitado pela historiadora Natalie Davis (cf. Davis, 1983). A saga de Martin Guerre é importante para essas reflexões sobre as identidades e suas provas documentais porque ela diz respeito ao processo de reconhecimento de um rico camponês que, em 1540, em Languedoque, França, deixou sua aldeia, retornando após muitos anos. Ao voltar à sua aldeia e se reinserindo na teia de relações sociais locais, houve dúvidas sobre se aquele que se intitulava Martin Guerre era realmente o Martin Guerre que ali havia nascido.

Num período de quatro anos no qual essas suspeitas foram discutidas, ele foi acusado por sua esposa de ser um impostor. Para nós trata-se de um drama impossível, conforme remarca Davis:

---

[24] A identificação surge como um problema quando a sociedade se massifica, urbaniza e passa a ser controlada pelo mercado com o surgimento do moderno capitalismo. Então é preciso criar registros para controlar a massa trabalhadora e para essencializar o seu elemento constitutivo mais básico: o indivíduo-cidadão-trabalhador. Não deve ter sido por acaso, como mostra Ginzburg, que Sir William Hershey, administrador chefe do distrito de Hooghly, Bengala, introduziu um método seguro de identificação, registrando a impressão digital dos nativos, apropriando-se de um costume local que certamente estava ligado à geomancia e que consistia em marcar nas cartas e nos documentos a ponta de um dedo borrada de piche ou de tinta (Cf. Ginzburg, 1991: 171).

"Como, de uma época sem fotografias, com poucos retratos, sem gravadores de fita, sem cartões de identidade, sem certificados de nascimento, com registros paroquiais irregulares, se é que existentes — como se poderia estabelecer com certeza a identidade de uma pessoa?" (1983: 63). A única prova possível da identidade é a prova da memória, e a memória é muito mais seletiva, arbitrária, movediça e convencional do que os documentos.

Mas excluindo episódios raros e extremos como este citado, esses sistemas dispensam a nossa metodologia para identificar e, deste modo, constituir e neles integrar pessoas.

Sociedades como a brasileira, fundada — como sugeri em *Carnavais, malandros e heróis* e em *A casa & a rua* — em múltiplas éticas e eixos de classificação, mostram uma curiosa dialética relativamente a esses "papéis" constitutivos da cidadania moderna. É que o valor do papel e a institucionalização das classificações "científicas" e policiais, fundadas em critérios "objetivos", não liquidam ou diminuem o peso das provas pessoais de identificação e construção da pessoa. Muito pelo contrário, quanto mais se impessoaliza (e universaliza) o sistema, mais se valoriza o círculo fechado da casa (dos amigos e admiradores) que legitima as "pessoas" que "dispensam apresentação" e "carteiras", "certidões" e "certificados" porque são devidamente (re)conhecidas ou possuem um glorioso "notório saber".

Mesmo depois de instituirmos todos esses diplomas e plásticos que conferem formas de identidade e legitimam o direito de usar certos papéis sociais profissionais, continuamos a viver o dilema brasileiro que, de um lado, amplia o anonimato que iguala e exige "documentos" e, do outro, sustenta e faz renascer a pessoalidade que hierarquiza e dispensa os papéis pelo uso do "Eis quem sou", esse primo-irmão do "Você sabe com quem está falando?". No Brasil corremos o risco de simultaneamente ficar devendo tanto a honra pessoal quanto a papelada.

Daí, certamente, o "fetichismo burocrático" que este ensaio visa desvendar. Pois a importância dos documentos só se explica numa ordem social na qual a palavra e as relações pessoais são igualmente importantes. Num sentido preciso, a obrigatoriedade das carteirinhas, atestados, certificados e diplomas que ajudam a criar, garantir e reificar direitos e pessoas são sintomas de um sistema que insiste em operar pelo eixo da pessoalidade, da honra, da vergonha e da amizade.

Este trabalho, então, se desdobra em dois níveis. O primeiro diz respeito à investigação dos documentos de um modo geral, mostrando sua importância para um entendimento mais preciso da questão da identidade e da construção da pessoa e do cidadão no mundo moderno, um tema que não tem sido devidamente contemplado pelos teóricos do mundo em que vivemos. O segundo é discutir como, no caso do Brasil, os documentos servem como instrumentos tanto de nivelamento e igualdade quanto de hierarquização social.

Seriam uma outra parte de uma mesma dobradiça. Só que enquanto o "Você sabe com quem está falando?" vem da sociedade das práticas sociais inscritas em nossos corações, as carteiras de identidades, os diplomas, as certidões e os atestados chegam pelo lado visível e ostensivo do Estado e do "governo".

Para uma sociologia dos documentos: generalidades

Se tivermos em mente que os nossos cartões de crédito, certidões de nascimento, carteiras de identidade, de trabalho e de motorista e passaportes são documentos importantes, não deixa de ser curioso que muito pouco se saiba sobre sua história e quase nada tenha sido dito sobre suas implicações sociais e políticas.

Quando foram inventados? Quem os inventou e por quê? Quando foram instituídos como obrigatórios? Qual a sanção para a sua perda? O que ocorre quando são esquecidos? Qual a penalidade para a sua falsificação?

E certamente muito mais básico: qual o seu significado no contexto dos Estados nacionais modernos que surgiram pregando revolucionariamente a igualdade e a liberdade individual e, no entanto, institucionalizaram essa pletora de papéis que de fato controlam rigidamente as nossas existências como "cidadãos livres"?

Pois os arquivos e os computadores do imposto de renda, dos departamentos de trânsito e de polícia guardam milhões de registros, mantendo um inventário preciso e implacável das atividades, dos movimentos e das rotinas dos cidadãos de um dado Estado nacional. Tal como os botânicos e os zoólogos do século XIX tinham uma obsessão pelo inventário e a classificação de plantas e animais, os agentes do Estado fizeram o mesmo com seus grupos, etnias e populações.

Como ensinou Weber no curso de um trabalho menos voltado para a teoria da sociedade e mais preocupado com o funcionamento concreto do Estado nacional: "Num estado moderno, a burocracia é necessária e inevitavelmente governa, pois o poder não é exercido por discursos parlamentares nem por proclamações monárquicas, mas pela rotina da administração" (cf. Weber, 1980). Neste texto, Weber claramente prefigura tanto a sociedade disciplinar de Michel Foucault quanto as incômodas reflexões sobre a burocracia feitas por Franz Kafka em *O castelo* e, mais eloquentemente ainda para o caso Ibérico, pelo livro de José Saramago, *Todos os nomes*.

Tais reflexões mostram como o caminho do controle, da identificação e da classificação dos cidadãos é um tema recorrente, embora implícito da ideologia moderna, surgindo ironicamente na medida em que a liberdade e a igualdade são asseguradas e separadas de outras esferas da vida.

Talvez porque esses "documentos" estejam muito próximos de nós, sendo constitutivos de nossa civilidade e surgindo como "atores" básicos nos nossos mitos fundacionais — todo país que se preza tem que ter uma "revolução" ou uma "declaração" (de guerra e/ou de independência), um "manifesto" ou uma constituição —, deixamos de tomá-los como objetos de estudo e como manifestações concretas da *mão visível* do Estado nas sociedades modernas.

Disso, reitero, decorre uma notável ausência de reflexão sobre esses controles expressivos sobretudo quando se vive em sociedades "adiantadas", "pós-industriais", governadas por sistemas políticos "plenamente" democráticos.

E, no entanto, esses papéis, esses cartões de plásticos e suas implicações — no "primeiro" ou "terceiro" mundo, no "West" e no "Rest" — são reveladores dos modos pelos quais o igualitarismo, a liberdade individual e, no limite, as práticas democráticas operam em certos sistemas.

Desconstruindo os documentos

Considere uma cena clássica. Uma pessoa comum ouve baterem à sua porta. Abrindo-a, defronta-se com um estranho que, tirando do bolso do paletó uma carteira, se identifica firme e inapelavelmente como sendo um "agente do FBI" ou como um "U.S. Marshall" e, ato contínuo, entra na residência.

Quantas vezes vimos essa cena no cinema, na televisão e nos livros, sem refletir sobre o poder dos papéis e das identificações formais e inexoráveis na nossa sociedade? Sem tomar consciência de que esses emblemas são manifestações concretas do domínio burocrático e do Estado nas nossas vidas, revelando uma arbitrariedade que é tanto maior e mais chocante quanto mais estabelecido está o credo da igualdade de todos perante a lei no sistema em pauta.

Num nível geral, a identidade concretizada pela carteira de motorista ou pela carteira de identidade é um veículo que materializa o que somos no sistema, estabelecendo os nossos direitos e deveres, os nossos limites e, obviamente, o nosso poder, autoridade e prestígio. Numa palavra, nossa realidade como uma entidade de um sistema!

O esforço para passar de uma ordem particularista, fundada no que se convencionou chamar de tradição (no poder do contexto, da força e da memória — das relações pessoais) e no carisma (mérito, talento, confiança, honestidade), para uma ordem universalista, baseada em normas burocráticas explícitas e "objetivas", bem como em seus múltiplos e crescentes estágios intermediários, como faz prova o caso do Brasil, certamente determinou o estabelecimento de um conjunto de documentos únicos e obrigatórios.

"Papéis" que desautorizavam as formas de reconhecimento social tradicional ancoradas nas relações sociais (nome de família, roupas, maneiras — na "aparência", como se diz no Brasil) para instituir e legitimar o indivíduo isolado e indivisível como um cidadão dotado de liberdade, autonomia e igualdade perante a lei e os representantes. Se nos universos relacionais a "pessoa" existe através de suas relações — como filho, irmão, afilhado, amigo ou membro de um dado segmento que exprime ou denuncia quem ele é —, no universo individualista ela deve existir por si própria — isolada e autonomamente. Isto é, sem mediações, sem um testemunho ou prova relacional, tipo: "Sim, ele é meu filho" ou "sim, ele é meu pai" etc. Num sentido preciso, os documentos milagrosamente compartimentalizam, separam e distinguem pessoas, restabelecendo hierarquias, como faz prova a "carteirada", estudada por mim há mais de quatro décadas, no ensaio sobre o "Você sabe com quem está falando?" (cf. DaMatta, 1979 — ensaio republicado neste volume).

Em contextos sociais confusos e caóticos, em que o conflito real ou potencial impede a percepção de quem é quem, o documento pacífico resolve a questão da identidade.

Imagine o leitor um tiroteio entre forças antissequestro e narcotraficantes sequestradores que estão de posse de dois jornalistas desaparecidos há meses. Entre uma mulher ferida de morte e o jornalista que, apavorado, vê o agente de segurança apontar-lhe uma arma, ocorre um diálogo que, fora do contexto latino-americano, faz pouco sentido ou se enquadraria num drama surrealista:

> Richard, de joelhos junto a Diana, levantou os braços e disse: "Não disparem!" Um dos agentes o olhou com uma cara de grande surpresa e perguntou:
> — Onde está Pablo? [o chefe dos sequestradores]
> — Não sei — falou o Richard —, sou Richard Becerra, o jornalista.
> — Comprove! — disse um agente.
> Richard mostrou sua cédula de identidade.

Deu-se, então, o milagre do reconhecimento e da libertação, conforme relata Gabriel García Márquez no livro *Notícia de um sequestro* (México: Editorial Diana, 2000).

Tal modo compartimentalizado e unívoco, gráfico, tranquilo e "realístico" de provar e comprovar a realidade de uma pessoa surge claramente nos documentos de identidades de países diferentes. Basta examiná-los.

Nos documentos americanos, por exemplo, dispensa-se a filiação, mas nos documentos brasileiros, o nome dos pais é anotado, provendo informações sobre os laços de família.[25]

Antigamente, como faz prova a "Carteira de Polícia do Estado do Amazonas", datada de 30 de novembro de 1922, de meu saudoso pai, então com 19 anos, o documento inclui 17 itens, entre eles o nível de instrução e a residência. Sobressaem nele vários itens destinados a descrever o tipo de cabelo e o rosto, os olhos e a cor da pele que, no caso em pauta, foi assinalada como "branca-morena", o que ressalta as nuances e a sofisticação da classificação racional, reveladora de um preconceito de cor variável e (impossível aqui não mencionar o trabalho definitivo de Oracy Nogueira) contextualizado, resultante da presença maciça de preconceito, mas da ausência de segregação e divisão étnica territorializada e sustentada por legislação.

Ademais, há a sofisticada observação de "começo de calvície frontal-coronal e cicatriz ramificada do 1º interósseo direto". O documento termina com a observação de que o portador não tinha nenhum desabono policial, o que é atestado pelo próprio

---

[25] Um conhecido, flagrado pela polícia numa rua escura de Manaus por atentado ao pudor, livrou-se da prisão porque um dos policiais, lendo o nome dos seus pais, reconheceu seu nome de família — uma "família muito importante de Manaus", conforme asseverou a autoridade ao notar a ancestralidade do indiciado. No Brasil, como se sabe, a fama e o "poder" produzem a impunidade como uma dimensão de empoderamento pessoal. Nos Estados Unidos, tende a ocorrer o inverso: a punição é imposta como exemplo. Quanto mais importante e famoso o indivíduo, maior a dureza do julgamento, a vergonha e a obrigatoriedade de pedir perdão publicamente, numa típica confissão Calvinista. Que falem, pelos Estados Unidos, o senador Edward Kennedy, o ator Hugh Grant e a atriz Winona Ryder; e, pelo Brasil, os senadores Roberto Arruda, Jader Barbalho, ACM, Jorge Murad e a multidão investigada e condenada por meio da Operação Lava Jato.

Chefe de Polícia que o assina. Pelo lado do avesso, há o conjunto de impressões digitais da mão direita do portador.

Na minha primeira "carteira de identidade", expedida pelo Instituto de Polícia Técnica do Estado do Rio de Janeiro em 12 de fevereiro de 1955, ainda há "Notas Cromáticas" estabelecendo que sou branco, tenho olhos castanhos e cabelos pretos. Há o meu retrato sério. Minha filiação e a impressão digital do meu polegar direito. Na que "tirei" no dia 13 de março de 2010, em Niterói, no Departamento de Trânsito do Estado do Rio de Janeiro, as observações cromáticas sumiram, mas ficou a impressão do mesmo polegar. A novidade foi a introdução do número do CPF e de um registro num código computadorizado.

No Brasil, a preocupação com filiação e cor é obviamente resultante de uma experiência social e histórica com a escravidão negra com suas nuances e detalhes e sua forte ênfase no corpo. No caso americano, apenas o nome é um registro. Até pouco tempo, não havia nem a fotografia ou a digital. No caso do Brasil, a desconfiança, sinal de graduação das pessoas no sistema; no outro, a confiança, marca de um axioma igualitário.

Seriam essas diferenças obra do acaso? Ou seriam elas projeções na esfera "racional" e impessoal da burocracia e da formalidade relacionada aos modos distintos e objetivos de conceber o "ser humano" — a "pessoa" — que certamente antecede e, em muitos contextos, complementa e engloba o papel de cidadão?

Qualquer que seja a resposta a essas questões, o fato é que os documentos de identidade atestam a personalidade cívica e econômica dos seus portadores, testemunhando — pela sua inclusão numa misteriosa série numérica que nós jamais tivemos a preocupação de desvendar — a sua relação crítica com o Estado, como faz prova a cremação ritualizada dos documentos de chamada para o serviço militar pelos opositores da Guerra do Vietnã no final dos anos 1960 nos Estados Unidos; ou pelo cuidado extremo com que lidamos com os nossos documentos no Brasil. Tais atitudes mostram o lugar especial, removido ou sagrado dos documentos — essas provas cabais do nosso pertencimento ao Estado nacional.

Se a carteira de identidade é uma metonímia (bem como uma metáfora) do cidadão moderno, nela a nossa concretude é reduzida a uns tantos sinais convencionais numa tradução por contiguidade daquilo que é considerado como uma prova irrefutável de realismo e verossimilhança. O maior testemunho dessa similitude burocrática que nos reproduz documentalmente é a fotografia de frente do rosto (não do corpo todo)[26] deixando, às vezes, ver a orelha direita (como ocorre no famoso *green card* do Departamento de Imigração dos Estados Unidos).[27]

Ora, o rosto — a "cara" — revela e garante a ideologia estabelecida, pois, cultural ou cosmologicamente, ele é o nicho da vergonha, da honra e da culpa. No Brasil, as pessoas têm ou não "vergonha na *cara!*". A *cara* é o repositório explícito da honra, exprimindo e resumindo a pessoa na sua integridade moral. "Basta olhar a cara para saber que esse 'cara' é um malandro ou mentiroso!", falamos coloquialmente.

O Dicionário Aurélio registra trinta e sete entradas da palavra que denota uma judicial "acareação", assinalando um desagradável confronto "cara a cara"; a primitiva, agressiva e significativa expressão "Quebro-lhe a cara!" e o mais terno e solidário "O coitado quebrou a cara...".

---

[26] O professor Anthony Seeger me informou que, no estado de Maryland, Estados Unidos, as carteiras de motorista estampam fotografias dos menores de 21 anos de perfil, como um modo de distinguir aquelas pessoas que não podem comprar bebidas alcoólicas das que podem e são fotografadas de frente — ou seja, "normalmente".
[27] Aparentemente porque a orelha é uma parte do rosto menos sujeita às deformações da idade. No estado do Paraná, Brasil, as fotos para carteira de identidade exigem essa mesma postura.

A palavra pode ainda ser usada como um indicador de fama e importância quando se diz que certa pessoa "é o cara!". Isso para não falar em expressões tais como "cara amarrada", "cara de quem comeu e não gostou", "cara de tacho", "passar na cara" e "cara limpa". Não se menciona, porém, o "caradura", nem o "cara de pau" ou a expressão "cara que mamãe beijou, vagabundo nenhum põe a mão", reveladoras de que, entre nós, o rosto é, tal como em outros sistemas, o primeiro elemento que destacamos na conceituação do "ser" de uma pessoa, sendo — sem dúvida — o mais básico, daí o retrato do rosto.

Além de ser o foco de emoções e predisposições, a cara é o espaço de inúmeras crenças, entre as quais a de que os olhos são a janela da alma, que o nariz é revelador do grupo étnico, que os lábios indicam diferentes graus de sensualidade e, em sociedades senhoriais e escravocráticas como a brasileira, que a cor da pele, a textura dos cabelos e a forma dos lábios indicam origem étnica e sociais.[28]

Nesse contexto de desfamiliarização e revelação das dimensões ocultas dos documentos de identificação legal de indivíduos, é muito importante notar que, no Brasil, as fotografias estampadas na carteira de identidade, na carteira de trabalho e no passaporte não podem registrar sorrisos, pois, sendo oficiais, esses documentos têm que ser "sérios", não comportando fisionomias felizes e relaxadas, mais condizentes com o universo íntimo da morada e dos amigos.

Seria essa postura mais uma prova implícita de que toda e qualquer relação com o Estado tenha que ser necessariamente grave, temerosa e soturna? Como se, no Brasil, o poder e a autoridade oficial tivessem como contrapartida não cidadãos

---

[28] No Brasil, diz o povo, talvez seguindo o esquema clássico das proporções do corpo humano de Leonardo da Vinci, o nariz teria relação com o tamanho do pênis.

felizes, mas indivíduos tristonhos, respeitadores e, sobretudo, medrosos, portadores de uma "cara séria" que, diante do poder, não pisca, questiona ou reclama?

Outros elementos importantes e relativamente universais das carteiras de identidade são o registro do nome completo, a assinatura (que singulariza o documento, dando-lhe um toque de autorreconhecimento e de pessoalidade autêntica, reconhecida e aprovada pelo seu portador), o registro da altura, do peso e, em muitos países, não custa reiterar, da impressão digital e da cor da pele.

Nos Estados nacionais dotados de tecnologia avançada há, ao lado de tudo isso, uma misteriosa faixa magnética que codifica dados que o portador obviamente não pode acessar e que revela o controle do Estado sobre seus cidadãos ou das empresas e bancos concessores do cartão sobre os seus clientes.[29]

Entre todos esses dados, a fotografia e a assinatura são, sem dúvida, os sinais mais expressivos da prova de identidade. Mas deve-se lembrar que tais "testemunhos" competem com códigos numéricos computadorizados, cujo alcance a maioria não entende.

Um esboço de arqueologia dos documentos

Mas nem sempre o Estado teve à sua disposição fotografias, impressões digitais, gravadores, computadores e arquivos capazes de realizar um registro permanente e eficaz dos indivíduos sob a sua jurisdição. O que hoje se observa é o resultado de um processo pouco discutido, mas gradual, da capacitação das mais

---

[29] Numa das vezes em que regressei aos Estados Unidos, o oficial da imigração de Chicago, após passar a barra magnética do meu *alien card* no computador, falou de minha profissão como professor na Universidade de Notre Dame e insinuou saber o meu salário, dando uma prova cabal da eficiência do sistema.

diversas burocracias estatais (e particulares) para categorizar indivíduos como cidadãos ou clientes.

Um processo no qual a alta tecnologia acasalou-se — para o bem e para o mal — com a ideia científica do inventário, do controle e da classificação. Assim, se esse controle pelos documentos aumenta a eficácia do Estado no combate ao crime e aos sonegadores, ele também invade a intimidade das pessoas.[30] Há um elo direto entre levantamento demográfico e o uso de documentos. Parece claro que, nas sociedades antigas (no Egito, na Mesopotâmia, na Grécia e em Roma), o censo populacional e dos animais domésticos era um instrumento de cobrança de impostos, de controle da produção, de movimentos da população e de localização de pessoas potencialmente perigosas. A Bíblia narra a fuga de José e Maria para o Egito no intuito de escapar do censo dos menores de dois anos a serem assassinados, tal como foi ordenado pelo Rei Herodes.

Sem querer realizar uma história dos documentos no mundo Ocidental, pode-se situar no séc. XVIII o ponto provável da origem desta necessidade de inventariar os recursos humanos

---

[30] Em sistemas informatizados, qualquer pessoa pode ser devassada pelo seu videoclube ou pelos seus gastos com cheques e cartões de crédito. Vale, neste contexto, lembrar a batalha perdida pela nomeação do Juiz Bock para a Suprema Corte dos Estados Unidos na presidência de Ronald Reagan, motivado pelo escândalo provocado pela descoberta de que o juiz havia alugado vídeos pornográficos. Ora, isso só foi possível porque a tecnologia moderna tem uma memória mecânica e não emocional. Ela pode ser usada contra ou a favor dos seus membros. Milan Kundera escreveu em 1955 um libelo contra isso, salientando que o mundo não pode se conformar com a famosa casa de vidro proposta pelo surrealista-comunista André Breton. As pessoas têm vergonha de serem observadas, e essa vergonha é, para Kundera, a base da entrada na vida adulta, quando o jovem reivindica uma gaveta com chave. Para ele, o absurdo sonho burguês-comunista da transparência absoluta entre a vida individual e a vida pública só pode ser alcançado quando a sociedade for totalmente monitorada pela polícia. Mas, como os exemplos mostrados indicam, e o caso americano revela bem, as coisas são mais complicadas porque em sociedades descentralizadas o problema é controlar e até mesmo saber quem está nos vigiando e quem vigia e controla os vigilantes.

disponíveis na sociedade pela contagem e classificação dos seus habitantes. E, sobretudo, como um arquivo no qual se estampava a posse de seus bens móveis e, sobretudo, imóveis, bem como restringir seus movimentos, naquilo que o estudioso francês Gérard Noiriel chamou de "révolution identificatoire" e a estudiosa americana Jane Caplan denominou de "cultura da identificação" (cf. Noiriel, 1991 e Caplan, 2000).

Não deve ter sido por acaso que os primeiros censos foram realizados na Islândia e na Suécia, em 1750, no contexto da grande onda de modernização da qual a Revolução Francesa foi o clímax (cf. Eaton, 1986; Smith, 1984; Torpey, 2000). Do mesmo modo, sabemos como foi complexo o estabelecimento do passaporte e dos chamados "certificados de civismo" numa França revolucionária que, a partir de 1792, tem adversários internos e externos e necessita de documentos capazes de impedir tanto a entrada de inimigos quanto a fuga de reis e aristocratas condenados.[31]

Neste mesmo momento histórico, a massa de pessoas desumanizadas e desenraizadas pela Revolução Industrial deixaram o campo onde viviam dentro de redes clientelísticas e foram para as cidades onde tornaram-se membros miseráveis de um exército de trabalhadores a serviço e mercê do capital, sendo forçados a usar emblemas em suas roupas. Neste contexto, não custa lembrar com Victor Hugo do *Les Misérables* (publicado em 1862), obra na qual se registra que, na França de 1850, os ex--condenados eram forçados a portar um "passaporte amarelo".

---

[31] A fuga de Luís XVI em 21 de junho de 1791, disfarçado de conde, levou a um processo complexo de reformulação das licenças e dos passaportes que passaram a ser expedidos de modo cada vez mais individual, em vez de serem fornecidos pelas prefeituras locais para toda a *entourage* de um nobre. Mais tarde, os governos revolucionários se viram às voltas com os "certificados de civismo" expedidos para gente errada, tal como ocorreu com a venda de carteiras de "juiz" a 15 mil reais cada no Rio de Janeiro. Ver, respectivamente, Torpey, 2000: Cap. 2; e o *Jornal do Brasil* (10 de janeiro de 2002).

— II —

EM TORNO DOS DOCUMENTOS NO BRASIL

A história dos documentos no Brasil certamente acompanha essa mesma trajetória de controle e das ironias incrustadas na própria noção de controle.

Mas existem alguns pontos singulares que vale a pena discutir. É significativo apontar que o Brasil — sociedade escravocrata e hierárquica cuja república foi proclamada por meio de um golpe de Estado — tenha sido o primeiro país do mundo a adotar a datiloscopia ou o sistema de identificação através da impressão digital, no contexto de uma clara ideologia de prevenção e controle das "classes perigosas" em 1903, conforme documenta cuidadosamente Sérgio Carrara (1990).

Em harmonia com a visão biologicamente determinista da época, a teoria estabelecia que o corpo do criminoso reincidente deveria ter um sinal (um traço sintomático, obviamente naturalizado) de sua propensão ao crime, numa perfeita inversão do costume anterior de estigmatizar o delinquente condenado com uma cicatriz.

O primeiro método de identificação de criminosos foi desenvolvido na França por Afonso Bertillon e utilizado pela polícia em 1882. Adotado imediatamente por vários países, ele logo chega ao Brasil em 1894, imediatamente após a Proclamação da República em 1889. A proposta do método de Bertillon era realizar uma antropometria da face e de outros sinais corporais de modo que cada *indivíduo* pudesse ser lido como um ser singular e "indiviso" ou indivisível nas suas potenciais propensões e tendências. Algo oposto ao conceito de "pessoa" que sendo — como ensinou Mauss, intuindo a teoria dos papéis sociais desenvolvida depois pelo antropólogo da Universidade de Columbia, o boaseano Ralph Linton — uma máscara, é obviamente divisível, dotada de múltiplas camadas, obtendo sua consciência da complementaridade e da relação com os outros e não do seu isolamento e autonomia.[32]

Mas de que modo e por quais dimensões esses "papéis" universais e oficiais exprimem valores culturais vigentes na sociedade brasileira? Em outras palavras, quais são as características dos documentos no caso do Brasil?

Na operação da mão visível do Estado na sociedade brasileira, encontramos pelo menos três traços distintivos:

Os documentos são oficiais, federais e nacionais

São certificados, cédulas ou "carteiras" emitidos com exclusividade por certos órgãos do Estado tendo, como eles próprios teleologicamente afirmam, "validade em todo o território nacional".

Quer dizer: embora sejam emitidos pelo Estado, os documentos têm um valor intrínseco — sagrado — efetivamente mágico. Podem ser obtidos localmente, mas sempre em agências oficiais. Há, pois, uma grande uniformidade de estilo nos documentos brasileiros e pouca inovação no que diz respeito aos dados que contêm.

Se, nos Estados Unidos, o número do seguro social (*social security card*), o cartão de crédito e a carteira de motorista são os documentos mais importantes, pois que remetem, respectivamente, a domínios práticos como o crédito, o consumo e a mo-

---

[32] Para a história desses métodos no Brasil, ver Carrara, 1990. A conceituação de indivíduo e pessoa é discutida no ensaio anterior.

bilidade; no Brasil, uma conversa sobre documentos traz à tona um conjunto de "papéis", relativamente abstratos e redundantes, como o atestado de residência ou de vida, emitidos e controlados por repartições federais, como o Ministério da Justiça, a Secretaria Especial da Fazenda, o Ministério do Exército, da Marinha e da Aeronáutica, o Ministério da Educação, a Polícia e o Ministério da Economia.

Tal exclusividade centraliza informações e teoricamente torna a emissão e a busca dos documentos mais eficiente. Mas o resultado desta exclusividade é a transformação dos meios burocráticos num eventual entrave igualitário pela dificuldade em obter qualquer documentação de forma rápida. Mesmo com as mudanças ocorridas na última década, ainda existe em torno dos órgãos expedidores de carteiras, certificados, passaportes e títulos um verdadeiro mercado de serviços paralelos, no qual se destacam os cartórios — essas fábricas de emissão de atestados e de reconhecer as firmas, bens intermediários como os "despachantes". Tais instituições e pessoas atuam como agências mediadoras entre o órgão federal, insensível e formal na sua impessoalidade, e o "cidadão comum", ajudando a "movimentar" o papel desejado, preenchendo formulários complicados e cheios de termos técnicos e pagando os impostos devidos, o que permite usá-los de forma prática. Os despachantes, como disse no meu estudo do "Você sabe com quem está falando?" (cf. DaMatta, 1979, aqui reproduzido), são verdadeiros "padrinhos para baixo" para os setores mais ambíguos, desagradáveis e irracionais da sociedade brasileira. Em todo esse processo, revela-se como a intenção de racionalizar a identificação produz ironicamente uma irracionalidade, pois o impessoal é resolvido por meio de um ato pessoal.

Os documentos preocupam e são muito importantes

Um inquérito realizado no Rio e em Niterói, em julho e agosto de 1995, revela uma enorme preocupação com os "papéis". Todos diziam ter "todos os documentos" com a intenção de indicar que eram "cidadãos plenos" ou "completos", isto é, pessoas com "seus documentos em ordem". No Brasil, parece importante que se tenha "em ordem" uma série de documentos, algo compreensível num país no qual, de acordo com o "Programa Cidadão", 30% da população não possuía, em 1995, qualquer documento. Confirma isso o fato de que os assaltantes brasileiros roubam o dinheiro, mas, conhecedores da preciosidade dos papéis, devolvem os documentos.[33]

No Brasil, a lista dos "documentos" inclui a "certidão de nascimento", a "carteira de identidade" (que prova quem é cidadão de modo legalístico e abstrato), a "carteira de trabalho" (que comprova um elo de trabalho e atesta ausência de vadiagem), o "título de eleitor" (que demonstra que a pessoa vota, visto que o voto é obrigatório no Brasil), o cartão de contribuinte do imposto de renda ou "CPF" ou CIC (que atesta que a pessoa tem renda e paga ou declara imposto de renda), a "carteira de reservista" (que certifica a quitação com o serviço militar, para os homens — um documento exigido para obter emprego ou para tirar outros documentos) e, finalmente, o passaporte e a "carteira de motorista" (que indica ser a pessoa habilitada a dirigir veículos).

---

[33] Isso ocorreu comigo em agosto de 1987 e tem ocorrido com outras pessoas, como faz prova a matéria assinada por Ana Claudia Costa, do jornal *O Globo*, de 8 de janeiro de 2002, na qual bandidos devolveram pelo correio rápido e com a mensagem "saúde e paz" os documentos roubados com o dinheiro de um porteiro desempregado, Cícero Bezerra dos Santos, morador da favela do Vidigal.

É interessante observar que, em 1995, ninguém tenha mencionado o cartão de crédito. Seja porque a maioria da população não o tivesse por motivo de renda; ou porque, e principalmente, eles não são solicitados pelas agências e agentes fiscalizadores. Realmente, se a polícia detém um cidadão suspeito, ela solicita a carteira de identidade, a carteira de trabalho e a carteira de motorista, jamais o cartão de crédito. No Brasil, o crédito financeiro é englobado pelo cartão oficial, numa prova de que o campo econômico se subordina ao domínio jurídico-político.

O inquérito também revelou que os documentos são importantes porque eles "dão muito trabalho", isto é, demandam muito tempo para serem obtidos,[34] e pelo fato de que ninguém quer correr o risco de ser preso ou ter problemas com as autoridades, sobretudo com a polícia, por não ter documentos. Deste modo, todos "andam" com seus documentos mais importantes — a carteira de identidade, o CPF e até mesmo a carteira de trabalho —, sobretudo quando vão para a "cidade" e para o trabalho (para a esfera social da "rua").

Embora não exista lei alguma obrigando o cidadão a portar seus documentos, todos acreditam que eles são obrigatórios. Como disse um informante, exprimindo como natural a convivência com um Estado controlador e autoritário: "Acho que é um dever do cidadão carregar documentos; e, se a polícia pedir, deve mostrar. Claro, senão leva umas 'bolachas'. A violência" — admitiu com serenidade estoica — "está tão grande..."

---

[34] A maioria dos informantes acha que tirar um documento é uma provação, pois que "dá muita burocracia", "obriga a entrar em fila", "sempre falta alguma coisa", "custa dinheiro", "tem que voltar três ou quatro vezes e demora muito" — dimensões que agregam valor ao papel, definindo-o como algo sagrado ou precioso. Daí, sem dúvida, a crença generalizada (mas nem sempre comprovada) de que os funcionários dificultam a obtenção do papel de modo a ganhar alguma coisa, o que configura uma representação da burocracia como um importante recurso de redefinição e classificação social.

Essa prática se liga, sem dúvida, ao combate autoritário aos errantes, aos vagabundos, aos pobres moradores de rua e aos malandros, vistos como pessoas sem relacionamentos fixos e laços de lealdade (que seriam seus "documentos") e trabalho permanente. Gente individualizada — da "rua" —, que é consequentemente tida como perigosa no Brasil.

Como mostra o historiador social Eduardo Silva, as autoridades policiais do Rio de Janeiro de 1900 também eram mestras em abusar do cidadão desconhecido (cf. Silva, 1988: 106-115). Tal estilo de tratar o cidadão, distinguindo com cuidado o escravo do liberto, o mais preto do mais claro e o branco comum do branco aristocrata, rico ou poderoso, permite dizer que muito antes da nossa cidadania ser "regulada" pelo Estado Novo, como descobriu Wanderley Guilherme dos Santos, ela já era uma "cidadania hierarquizada" porque o código igualitário moderno, vigente nas leis que governavam o Estado nacional republicano (mas ex-escravocrático e monárquico), tendia a ser inibido pelas práticas da sociedade feita de senhores e escravos. Neste sentido, a "cidadania regulada" seria uma reinstalação em linguagem moderna (na letra da lei que regulamentava o trabalho) de práticas e normas sociais tradicionais e, no caso brasileiro, de um sistema profundamente escravocrata e senhorial no qual a ideia capitalista e moderna de trabalho tinha a cicatriz do cativeiro. Não era um chamado ou uma vocação como diz Max Weber, mas um castigo.

Aliás, relativamente a esse assunto, Roberto Kant de Lima nos informa que o Decreto Lei nº 3.688 de 3 de outubro de 1941, promulgado em pleno Estado Novo, classifica a mendicância e a vadiagem como contravenções penais, com pena de 15 a 90 dias de prisão, dando direito que a polícia examinasse qualquer pessoa na rua e, caso o cidadão não pudesse provar um *vínculo* de trabalho, família e residência fixa, poderia ser preso em flagrante (cf. Kant de Lima: 1995: 55). Como disse outro informante, confirmando a atitude generalizada de admitir como normal (ou "natural") o autoritarismo do Estado: "A polícia me pega na rua e eu não tenho documentos, ela vai pensar o quê?"[35] O "Estado Novo" iniciou uma redefinição das concepções de trabalho no Brasil, criando o Ministério do Trabalho, mas também ampliou drasticamente suas zonas de controle, situando como crimes o que definia como mendicância e vadiagem. Como se naquele momento só pudessem existir trabalhadores devidamente reconhecidos pelo governo federal. Com isso, legalizou-se (ou "estatizou-se") o espaço público, dando-lhe uma clara conotação jurídica. A "rua" ficou regulada e disciplinada. Não deve, portanto, causar surpresa o fato de que a expressão "é legal" ou "está legal", conforme revela com sagacidade sociológica o historiador-brasilianista Stuart Schwartz (1979: XI), signifique o bom, o bonito e o certo no Brasil.

Que todo cidadão tema não poder provar quem é, uma questão certamente complexa, angustiante e, no limite, filosófica.

---

[35] Eis o depoimento de um informante da periferia de São Paulo, em 1992: "A lei que a gente tem é a seguinte e eu tiro por mim. *Fui preso uma vez porque estava sem documento*. Mas se você for preso nesse país, se você tiver dinheiro, você não é preso. Se você não tiver dinheiro, você é preso! Se você chegar numa delegacia preso, vale mais uma mentira de um policial do que duzentas verdades suas. Mas isso só acontece com o pobre, porque o rico não vai preso. Com essa idade que eu estou [53 anos], eu nunca vi um de colarinho branco dizer: fulano puxou trinta anos de cadeia. Nunca!!!" Eis, para completar, o testemunho de Carolina Maria de Jesus, quando diz no seu clássico *Quarto de despejo*: "Eu já estava pensando em ir no Juizado de Menores [em busca da filha Vera, que havia sumido de sua casa e da favela]. (...) Quando cheguei na favela para pegar os documentos, para eu ir na cidade (...)" (pág. 56). A esse propósito e para mostrar como a mudança social é um fato social complexo, leio no jornal *O Globo* de 14 de junho de 1999 que o pastor Luís Claudio Freitas do Nascimento foi levado à delegacia de polícia, onde foi torturado pelo delegado e por seus asseclas da cidade de São Fidélis, a 400 km da cidade do Rio de Janeiro, sob suspeita de que formara uma quadrilha, porque estava sem carteira de identidade.

Mas, no caso brasileiro, ela se reveste de aspectos práticos muito importantes.

Ela é uma dimensão de uma sociedade obcecada pela gradação e marcada por uma autêntica "cidadania regulada". Uma cidadania cuidadosamente exercida que chega ao mundo contemporâneo, revelando o peso de um Brasil escravista e aristocrático no qual a hierarquia era uma regra essencial. Pois foi, como ensina Manuela Carneiro da Cunha, nessa sociedade de escravos classificados como "africanos" (nascido na África) ou "crioulos" (nascidos no Brasil), de escravos "forros" ou "ingênuos", da casa, do eito e de "ganho" [escravos da rua]. Neste sistema no qual o escravo era graduado, estratificado ou segmentado e, assim, regulado, surgiu uma paradoxal "cidadania hierarquizada". Uma "cidadania" na qual o liberto não podia votar ou ser eleitor, não podia aspirar ao sacerdócio ou ao oficialato da Guarda Nacional, mas poderia ter propriedade. Ou seja: ele tinha direito a pertencer livremente à sociedade, mas lhe era vedado a entrada nas agências do Estado nacional do qual era, de fato, "um estrangeiro" (cf. Carneiro da Cunha, 1985 e, entre outros, Mary Karasch, 2000: 474ss).

Tudo isso faz com que os documentos sejam críticos. Como se eles fossem um elo de família oficial e formal, bem como a expressão cívica e profissional das pessoas que, obviamente, temem perdê-los porque isso significa perder a sua máscara cívica e, ao mesmo tempo, terem que percorrer uma verdadeira via-crúcis burocrática.[36] Uma clara penalidade cívica revela o

---

[36] Luiz Eduardo Soares, ex-pesquisador do IUPERJ, Coordenador do Governo do Estado do Rio de Janeiro em 1999, fundador das "delegacias de polícia legais" do estado do Rio de Janeiro, me informou que, nos Centros de Defesa Cívica criados pelo governo Brizola, a maior reclamação das camadas mais vulneráveis dizia respeito à obtenção dos documentos.

poder visível e, deixe-me acrescentar, brutal do Estado. Um poder pouco discutido do controle e do arbítrio do Estado junto a todos e a cada um dos seus cidadãos.

Nos cadernos de classificados dos mais importantes jornais do país, até bem pouco tempo se encontravam anúncios de "documentos perdidos". Neles, espanta-se o desespero de pessoas inseguras e receosas de "ir para o olho da rua" (perder o emprego) ou transitar da casa para o trabalho como uma entidade sem alma, isto é, sem documento. Do mesmo modo e pela mesma lógica, é comum nos assaltos que se tornaram parte da vida diária dos habitantes do Rio de Janeiro (eu fui assaltado à mão armada duas vezes) e em outras grandes cidades brasileiras negociar com o bandido, solicitando que ele apenas leve o dinheiro, deixando os documentos. No que todos, sendo participantes de um mesmo universo social, são atendidos...[37]

Os documentos, como os dons valiosos — colares e braceletes do circuito de troca kula, estudado por Malinowski nas Ilhas Trobriand, presentes de aniversário e casamento, momentos de viagem, relíquias de ancestrais ilustres e queridos etc. —, são inalienáveis. Não podem ser vendidos, dados ou trocados. Estão além do dinheiro e do mercado, embora sejam guardados junto à moeda agasalhada na "carteira de dinheiro", geralmente localizada no bolso de trás da calça masculina, naquela área tabu que é o traseiro dos homens no caso do Brasil.[38]

Assim, a "carteira" contém dinheiro (que é o meio universal de troca e circulação) e também os "documentos" que legiti-

---

[37] A importância dos documentos aliada à grande probabilidade do assalto e da consequente perda dos papéis, fez com que muitas pessoas portem apenas cópias dos seus documentos. Ora, se o documento é uma "cópia" da pessoa, anda-se no Rio e em São Paulo com uma cópia da cópia.
[38] Sobre esse assunto, ver DaMatta, 1997.

mam o portador como um ser social exclusivo e singular — mas, acima de tudo, legítimo — justamente porque não podem ser comprados ou vendidos, têm que ser "tirados" e obtidos por meio da presença física do seu futuro portador, o qual prova a si mesmo quem ele é perante o universo da rua ou ao mundo, conforme falamos no Brasil.

Os documentos, como as pessoas, estão hierarquizados

Há, no Brasil, documentos centrais e periféricos, do mesmo modo que existem gradações variadas de cidadanias. O documento mais importante é a "certidão de nascimento", porque, como um papel com "fé pública", ela tem uma substância especial. Tem o poder (ou a autoridade) de ser referência, pois tal como a certidão de casamento, ela é *geradora* de outros documentos.

Como disse um colaborador, ela é a nossa "fundação", o "nosso marco zero". Confirma isso o fato de esse documento ser "tirado" pelos pais ou responsáveis da criança nos seus primeiros dias de vida, ligando oficialmente o nome da criança ao Estado, um elemento importante na construção de sua personalidade social no Brasil. Após o nascimento biológico, a criança recebe a sua certidão — a sua "certeza"— de que é descendente "legítima" (não bastarda ou adotada) de tal ou qual família e, mais que isso, que existe perante o mundo cívico e formal brasileiro.

A certidão é uma prova oficial de que a pessoa tem quem cuide do seu bem-estar, preocupando-se com seu relacionamento com o Estado. Num plano mais profundo, esse mesmo papel mostra que a pessoa tem um *pater* e consequentemente um nome de família. Um *pater* que é também *genitor* — um dado importante no caso brasileiro, cujo xingamento mais ofensivo é a declaração de que alguém é um "filho da puta", isto é, uma pessoa cujo *genitor não coincide com o pater,* sendo, em virtude do comportamento sexual errático da mãe, desconhecido. Ao lado da certidão de nascimento, o documento brasileiro mais valorizado e mais inclusivo é a "carteira de identidade", emitida, em geral, pela polícia, que estabelece o seu portador junto ao "mundo da rua", dando-lhe uma máscara cívica, estampada concretamente no retrato em preto e branco, chamado de "três por quatro", tirado de frente e, como já disse, com "cara séria" que, com a estampa da impressão digital, são pontos importantes desta cédula. Com ela se estabelece o primeiro elo explícito com o Estado e uma primeira prova de que a pessoa tornou-se também um "cidadão", "gente grande" ou adulto; ou seja, alguém habilitado a frequentar o universo da rua, esse domínio marcado pela impessoalidade, pela formalidade, pelo individualismo, pelo "movimento" e pelos riscos da responsabilidade civil e política. A carteira de identidade — vale afirmar — não prova, atesta ou habilita a coisa alguma, a não ser a existência do seu portador, tal como ele é conceituado e classificado pelo Estado naquele momento.

No Brasil, a obtenção e a posse da carteira de identidade é um "rito de passagem cívico", havendo preocupação dos mais velhos em fazer com que seus filhos obtenham logo suas "carteiras de identidade", que vão provar que são pessoas reconhecidas pelas autoridades como honestas. Pessoas que, como ainda se diz no Brasil, "não têm ficha na polícia", observação rotineira nas antigas cédulas de identidade. Como disse um informante, esse documento demonstrava que ele era um "homem", isto é, que era uma entidade com pleno direito à existência e ao reconhecimento cívico.

A carteira de identidade, não custa repetir, é um documento básico e inclusivo. Um papel, conforme me disse um informante, "mãe" de todos os outros documentos já que, sem ele, não se pode obter o título de eleitor, a carteira profissional, a carteira de motorista, o cartão de contribuinte da receita federal, o passaporte e cartões de crédito. Como se todos os outros documentos tivessem como ponto de partida a carteira de identidade.

Tudo isso revela como documentos "imitam" a sociedade e, como ela, se relacionam a outros documentos do mesmo modo que as pessoas se entrelaçam no Brasil. Se o elo de filiação com "X" dificulta ou facilita o acesso a algum recurso de poder, também a posse de uma certidão ou carteira assegura ou facilita a entrada da pessoa em certos espaços sociais. Somos apadrinhados por certas pessoas e também por certos documentos — sobretudo por diplomas.

De acordo com essa lógica relacional que liga os papéis e as pessoas uns aos outros, os documentos geram documentos por um processo de reprodução legal. Uma certidão dá direito a obter certas carteiras, e um diploma de bacharel dá direito a certas regalias e até mesmo direito à ampliação de renda, caso o portador seja um verdadeiro "filho do Estado" — um funcionário público cuja estabilidade é vitalícia e pode ser parcialmente transmitida em suas vantagens monetárias aos seus descendentes. Tal estabilidade é o cerne da tradicional distinção brasileira entre trabalho e emprego.

Nesse contexto, vale lembrar a fundamental advertência de Thomas Ewbank, que nos visitou em 1857:

> A tendência inevitável da escravidão por toda parte é tornar o trabalho desonroso, resultado superlativamente mau, pois inverte a ordem natural e destrói a harmonia da civilização. No Brasil predomina a escravidão negra e os brasileiros recuam

com algo semelhante ao horror diante dos serviços manuais. Com o mesmo espírito que as classes privilegiadas de outras terras, dizem que não nasceram para trabalhar mas para dirigir. Interrogando-se um jovem nacional de família respeitável e em má situação financeira sobre por que não aprende uma profissão e não ganha sua vida de maneira independente, há dez probabilidades contra uma de ele perguntar, tremendo de indignação, se o interlocutor está querendo insultá-lo! "Trabalhar! Trabalhar!" — gritou um deles. "Para isso temos os negros." Sim, centenas de famílias têm um ou dois escravos, vivendo do que os mesmos ganham.

O dr. C. diz que um jovem prefere morrer de fome a se abraçar a uma profissão manual. Conta que há alguns anos aconselhou uma pobre viúva, que tinha dois filhos rapazes, um de catorze e outro de dezesseis, a encaminhá-los em ofícios. A viúva ergueu-se, deixou a sala e nunca mais falou com ele, embora tivesse fornecido seus serviços profissionais gratuitamente à família durante oito anos. Recentemente, foi abordado por um funcionário do Departamento de Polícia, que se deu a conhecer como o filho mais velho da viúva e revelou que possuía um cargo satisfatório, no qual ganhava trezentos mil réis por ano — 150 dólares. Ser empregado pelo governo, na Polícia, é honroso, mas descer abaixo de empregos do governo, mesmo para ser negociante, é degradante. Como exemplo do sentimento geral, serve o seguinte cujas personagens são conhecidos meus. Um cavalheiro de dezoito anos foi convencido a honrar uma casa importadora com seus serviços de escritório. Um pacote, que não era maior do que uma carta dupla, foi-lhe entregue certo dia por um dos sócios da firma, com um pedido para que o levasse a outra firma, situada nas vizinhanças. O jovem olhou para o pacote, em seguida para o negociante, tomou o pacote entre o indicador e o polegar, fitou novamente ambos, meditou por um momento, saiu lentamente e, a alguns metros da porta da casa, chamou um negro que carregou o pacote e o acompanhou até seu destino!

Ensinados dessa forma a fugir dos caminhos honrosos da independência, pode-se perguntar: como vivem? Vivem do poder público, sempre que podem. No entanto, o interior do país é pobre e os salários, com exceção dos pagos pelo imperador, são muito baixos. Além disso, o governo está cercado por candidatos para toda espécie de emprego que possa render algumas centenas de mil-réis por ano. Todas as repartições transbordam de pessoas. Gerações de diplomatas em embrião procuram ser iniciados nos vários graus de *attaché*. Enxames de candidatos solicitam comissões no Exército, motivo por que se fala que dentro de pouco tempo o número de oficiais será maior que o de soldados. A igreja vem logo em seguida entre os lugares procurados como meio de elevar-se nobremente acima das classes inferiores, mas já raspou mais coroas do que pode abrigar. Centenas de nobres tonsurados não têm onde exercer suas funções e, forçados a procurar outros meios de vida, são felizes os que acumulam o suficiente para comprar um ou dois negros, com cujos salários asseguram seu conforto. O direito e a medicina são as outras saídas por onde multidões de famintos procuram garantir a subsistência. Mas essas profissões já estão saturadas e resta pouco espaço para que entrem os recém-chegados. A grande massa afasta-se desapontada. E que podem fazer? descer abaixo da medicina não lhes é possível sem desonra. Que se tornam então? Não sei. Uma coisa, porém, eu garanto: é lamentável ver tantos jovens talentosos sem terem à sua frente qualquer plano estabelecido ou qualquer objetivo definido, incapacitados por sua educação para uma carreira independente nas profissões industriais ou comerciais; vadiando durante os anos do apogeu de sua vida, na expectativa vaga de um emprego público, vivendo do auxílio de amigos pouco capazes de auxiliá-los, contraindo dívidas e não podendo satisfazer seus compromissos, acusados de confirmarem um velho provérbio: "O dia da obrigação é a madrugada da ingratidão" (1976: Cap. XVI).

Competindo em prestígio com a carteira de identidade, encontramos a carteira de trabalho. Em relação a esse assunto, a pesquisa do sociólogo Luiz Antonio Machado da Silva, é reveladora, quando afirma:

> O símbolo de status mais valorizado é a carteira funcional ou profissional. Ela indica que o portador tem certa estabilidade no emprego (...). A frase "Fulano é funcionário da..." tem uma conotação ao mesmo tempo elogiosa e reconhecedora da superioridade do outro. Isto se explica, não só por causa da maior facilidade em obter crédito (...), como também pela proteção que o documento representa frente à polícia. Mas o documento de trabalho não é o único valorizado: qualquer documento por mais duvidoso que seja — declarações ou requerimentos em papéis timbrados, por exemplo — é altamente considerado. Toda "conversa séria" começa ou termina pela apresentação de um sem-número de documentos, muitos deles sem nada a ver com o assunto abordado. Uma possível explicação para isso é que esses documentos são uma espécie de prova da "intimidade" do portador com pessoas, órgãos, instituições, agremiações, enfim, da sua "importância" (cf. Silva, 1969: 163-164).

Confirmando tais observações, todos os informantes do meu inquérito estavam de acordo que certas carteiras, como certas pessoas, mudavam a atitude das autoridades, pois — vale acrescentar — ninguém mostra (ou "tira") sua "carteira de identidade" para a mulher, os filhos ou empregados no contexto informal da casa, onde todos se "conhecem". Mas ela é indispensável em público (ou na "rua"), um domínio no qual se espera confronto precisamente porque ela tem como valor a igualdade e, como rotina, o anonimato.

Carteiras de policial, militar, senador, deputado, vereador, militar, juiz "livram" o cidadão da "batida" e da busca policial, promovendo inversões do comportamento do investigador que passa da arrogância à subserviência e a uma habitual e esperada subordinação.

Quando uma carteira é mais prestigiosa que outra ou é apresentada a quem não precisa identificar-se, pode ocorrer a famosa "**carteirada**", o lado formal, legal e comprovador do ritual de reconhecimento agressivo, do "Você sabe com quem está falando?", ao qual se segue a apresentação (na "cara" do atônito agredido) da *carteira* que confirma a autoridade do agressor.

Essa função sagrada e geradora das certidões e papéis foi certamente percebida pelo espírito popular que usa a palavra "documento" ou "documentos" como metáfora para os órgãos genitais masculinos. A conhecida e maliciosa expressão brasileira "tamanho não é documento" faz prova disso quando afirma que a quantidade nem sempre corresponde à qualidade. Deste modo, perder os documentos é algo tão grave quanto perder a potência ou a identidade sexual, o que revela a importância dos "documentos" numa sociedade na qual a burocracia estatal é um instrumento de poder. Nela, o Estado não desempenha apenas a função da administração coletiva, mas é também uma instância conferidora de cidadanias especiais e de dignidade social.

Tal ordem situa a esfera política como controladora do mercado e das relações de trabalho. Mais importante ainda, ela delega ao Estado o papel crítico de expedição de cidadania por meio de carteiras profissionais. Como revela um estudo pioneiro de Mariza Peirano (cf. Peirano, 1986), isso indica que, no Brasil, é a posse do documento que confere cidadania, não o contrário. O englobamento (ou a liberação) do cidadão pelo Estado é, sem dúvida, um dos mais graves problemas políticos do Brasil.

Fechando o círculo: os documentos como retórica do Estado

Parece importante realizar uma etnografia do Estado nacional, examinando os níveis, os estilos e as situações nas quais a máquina estatal entra em contato direto com os cidadãos que administra ou governa.

Tal perspectiva desloca a discussão dos aspectos programáticos do Estado para observar as suas operações mais humildes e rotineiras. Pois, se o Estado emerge com o seu alardeado poder nos decretos e no desenho institucional, ele opera cotidianamente por meio de instrumentos corriqueiros (o balcão, a fila, a mesa) e de obscuros funcionários.

O estudo dos documentos deixa claro que a importância desses papéis deriva da força de uma profunda retórica legalística. Retórica centrada no Estado, cuja expressão concreta e familiar se faz por meio de dispositivos e exigências formais e cartoriais que são provavelmente mais importantes para manter o seu poder do que os altos dispositivos realizados em nome de grandes modelos e estratégias políticas.

No Brasil, o Estado até bem pouco tempo não se preocupava com o bem-estar social, mas com esses mecanismos de controle dos quais os documentos — ou a "papelada" — são o melhor sintoma.

Também não cabem dúvidas de que a dimensão instrumental e expressiva (ou simbólica) dos documentos se associa, como tenho mostrado no meu trabalho (cf. DaMatta, 1979; 1985; 1993), ao mundo da rua. Rua que é lida como um lugar de sonho, aventura e movimento,[39] mas que além de ser marcada pelo individualismo, pelo mercado, pela violência, pela competição e pelo trabalho tidos pelo seu lado mais destrutivo e negativo, é igualmente governada por um brutal anonimato.

O uso das "carteiras de identidade" pelas pessoas comuns ou desconhecidas tende a ser um substituto daqueles laços sociais que têm sido no Brasil o privilégio de quem "dispensa as apresentações" (e os documentos) porque já é "alguém".

Se o mundo da casa não precisa de leis escritas, no mundo da rua tudo é explícito e escrito: dos sinais de trânsito à Constituição e aos indispensáveis "documentos". Em casa vale o cheiro, a limpeza, o corpo e a palavra, mas na rua o que conta é o fiador e a assinatura com firma reconhecida em cartório,[40] os quais incorporaram e canibalizaram à sua burocracia moderníssimos computadores.

Tudo isso nos leva a uma constatação importante. Na rua, o cidadão teme não somente o criminoso, mas também as leis e os seus agentes que atuam com um conhecido descaso para

---

[39] "Movimento" é uma categoria social importante no universo brasileiro. Remetendo à animação, agitação, afluência de pessoas, vivacidade e que se liga ao mundo urbano e à cidade. A casa, por contraste, seria um universo sem movimento e sem agitação. Como já assinalamos alhures (cf. DaMatta, 1982), é um local de repouso, descanso e contemplação.

[40] No Brasil, os cartórios são órgãos de arrecadação e legitimação social muito antigos, datando do período colonial. A eles cabe reconhecer assinaturas em documentos, propriedade, filiação e irmandade, crimes e outros fatos básicos da vida social que, na sociedade brasileira, têm que ser *atestados* por terceiros — no caso —, pelos cartórios. Não foi, portanto, ao acaso que Helio Jaguaribe cunhou a expressão "Estado cartorial" para definir a burocracia oficial do Brasil. Para uma análise moderna dos cartórios na vida política brasileira, ver Araújo (1983).

com os "ignorantes", os "humildes" e os "destituídos": os que são mais fortemente marcados pelo anonimato e que, por isso mesmo, só podem ser reconhecidos por meio dos seus "documentos". Eis uma forma de manifestação de desigualdade e da sua consequente opressão que tem passado despercebida pelos estudiosos da vida política brasileira.

Finalmente, o estudo dos documentos revela o estilo pelo qual o Estado aparece para os seus cidadãos, pois, seja no Brasil ou alhures, eles são um elemento importante na definição e na construção da identidade social moderna. A valorização dos documentos mostra como existe uma profunda preocupação social com o controle e a hierarquização dos indivíduos, numa flagrante limitação da cidadania na sua concepção burguesa ou liberal mais idealizada.

Limitação paradoxal porque surge precisamente diante das autoridades de um Estado constituído explicitamente através das noções modernas de liberdade civil e igualdade perante a lei. Neste sentido, descobre-se uma equação entre documentação, regulamentação da cidadania, legalismo e poder que pode ser mais clara no Brasil, mas que tem vigência em todos os Estados modernos. Uma equação que afeta o uso da liberdade e que pode ser transformada em imediato instrumento de controle por qualquer governo relativamente organizado. No caso do Brasil, é ocioso repetir como os documentos reiteram simultaneamente cidadania igualitária e inferioridade (ou superioridade) social.

Como diz Carolina Maria de Jesus no seu diário, exprimindo um temor da autoridade que é de todos os brasileiros: "Nunca feri ninguém. Tenho muito senso! Não quero ter processos. O meu registro geral é 845.939" (cf. Jesus, 1960: 19).

3
Individualidade e liminaridade: Considerações sobre os ritos de passagem e a modernidade[41]

---

[41] Este texto foi originalmente apresentado como Conferência Castro Faria, proferida no Museu Nacional, em 9 de agosto de 1999. No preparo para a publicação desta conferência, contei com sugestões valiosas do Prof. Carlos Fausto. A Prof.ª Lívia Barbosa, do Departamento de Antropologia da Universidade Federal Fluminense, fez importantes comentários sobre as ideias centrais do trabalho. A ambos sou grato pelas opiniões que, naturalmente, não me eximem dos exageros e dos erros cometidos.

Uma anedota contada por Karl Popper ajuda o leitor a ler este capítulo. Diz Popper que um divulgador científico, tendo que falar num presídio, começou sua preleção com as seguintes palavras: "Hoje vou apresentar aqui a mesma conferência que fiz há seis anos. Por conseguinte, se alguém já a tiver ouvido é porque bem o merece!" Ao lembrar a prisão e o fato tão simbolicamente real de que todos aqui presentes são prisioneiros desse Museu e desses ideais de saber, de pesquisar e de compreender os nossos semelhantes através da Antropologia Social ou Cultural, quis me referir àquele destino comum e àquela solidariedade compartilhada pelos presidiários. No nosso caso, a cumplicidade de remar contra a corrente do poder e do dinheiro; o acordo tácito que faz com que todos se sintam, apesar das diferenças e até mesmo de eventuais antipatias, parte de um mesmo ideal. Pois na vida acadêmica, como nos grandes amores, somos todos aprisionados pelas formas mais densas de reciprocidade. Aquelas que nos obrigam a reconhecer e a louvar, de tempos em tempos, as nossas dívidas e dúvidas para pessoas, ideias e métodos.

É, pois, importante reconhecer esse meu aprisionamento ao Museu Nacional e a esse grupo de antropólogos que, permitam-me a falsa modéstia, ajudei a formar e a constituir e que durante anos tem sido o sustentáculo de um diálogo intelectual importante para mim. *A prova disso é que vocês irão ouvir um alinhavado de pensamentos que tenho externado ao longo desses últimos vinte anos, pois duas décadas se passaram desde que tratei deles, embrionariamente, é verdade, no meu livro* Carnavais, malandros e heróis *e em dois ensaios publicados, ambos, em 1979.*

— I —

Neste ensaio, apresentarei um elo que me parece crítico entre dois conceitos fundamentais (e formidáveis) das Ciências Sociais. Refiro-me à ideia de **liminaridade** (ou de **soleira**), um conceito engendrado pela tradição antropológica dos estudos detalhados, em geral romanticamente autocontidos e referidos;[42] e à ideia de **individualidade**, que é uma noção central da tradição clássica dos estudos sócio-históricos das grandes civilizações; bem como uma categoria crucial e familiar do nosso universo cívico e político.

A noção de **liminaridade** nos conduz ao reino dos ritos de passagem e aos costumes exóticos dos grupos tribais. A ideia de **individualidade** nos leva ao domínio da filosofia política, ao universo do mercado e do capitalismo; enfim, ao nosso próprio cotidiano, ao nosso universalismo implícito e inconsciente: aos nossos hábitos do coração.

---

[42] O chamado estudo **monográfico** (etnografias são frequentemente monografias escritas a partir da perspectiva de um único observador) cujo objetivo é traduzir sistemas de valores ou culturas de sociedades tribais em geral relativamente isoladas. Estudos que, conforme sabemos, têm servido de caução contra as pretensões universais da visada Iluminista, pois seus achados formam o deleite antropológico quando permitem dizer: "Isso pode ser 'verdade' no Ocidente, mas entre os 'Brasa-Bela' não é assim."

O primeiro termo se liga aos nomes de Arnold Van Gennep e, naturalmente, à obra de Victor Turner, que — ao lado de Mary Douglas, de Max Gluckman e de Edmund Leach — é o principal responsável por seu resgate, caracterização e popularização nos estudos antropológicos modernos. O segundo termo (individualidade) remete à obra de Henry Maine, Morgan, Sabine, Tocqueville (que, como se sabe, inventou, em 1842, a expressão **individualismo**) e, naturalmente, às ideias críticas de Max Weber e de Louis Dumont. Isso para não mencionar os pais fundadores do pensamento crítico e dos valores modernos: Maquiavel, Adam Smith, Hobbes, David Hume, Locke e Rousseau.

É minha intenção indicar como uma **passagem** pode ser descoberta entre essas duas áreas conceituais aparentemente tão distantes quando focalizamos certos aspectos ainda não discutidos dos ritos de passagem.

— II —

Quero iniciar com uma breve caracterização da noção de **individualidade**, explicitando o modo pelo qual eu leio seus elos ideológicos e conceituais e a tradição de estudos da qual esta categoria faz parte. Será apenas óbvio reafirmar que **individualidade** se associa fortemente à tradição clássica da filosofia política, uma tradição que moldou o pensamento moderno. Um modo de conceber a sociedade historicamente fundado e, em consequência, sumamente preocupado com as conexões entre instituições, práticas sociais e esferas percebidas e tidas como críticas e universais — como o "religioso", o "político" e o "econômico". Nessa tradição, não se deixou de lado a discussão entre valores religiosos e as predisposições políticas e econômicas; bem como essas esferas se influenciavam mutuamente. A obra de Weber é, sem dúvida, o melhor exemplo desta abordagem.

A questão central aqui, como Louis Dumont tornou claro e repetidamente acentuou, indo além do ensaio clássico de Marcel Mauss sobre a ideia do "eu", é a diferenciação crítica entre o indivíduo como realidade empírica objetiva e o estabelecimento do indivíduo como uma entidade social autônoma ou um valor social — um fenômeno sociopolítico importantíssimo, original e primordialmente associado à ideologia construída na Europa Ocidental, agigantada nos Estados Unidos e contemporaneamente massificada por meio de um processo mundial de aculturação.

A pergunta básica para a pesquisa dentro dessa tradição tem sido: como podemos caracterizar o desenvolvimento da Europa Ocidental em relação ao de outras áreas do mundo? Ou mais concretamente: como entender a presença do capitalismo, da igualdade política e de suas éticas concomitantes, como a "liberação" do indivíduo daquilo que é percebido como um conjunto de velhas repressões, tabus ou constrangimentos morais, somente no "Ocidente"? E, por contraste, a sua relativa ausência das chamadas "grandes civilizações" como as que surgiram no Oriente Médio, na África, na Ásia e, permitam que eu mencione porque é disso que tenho tratado no meu trabalho, nas sociedades tribais e no Brasil?

Meu ponto de vista é que este problema diz respeito a uma *passagem* da *individualização* (da solidão e da *individualidade*) — que, permitam-me a grande narrativa, são experiências inevitáveis da condição humana — para o *individualismo*, que é uma ideologia (um valor ou uma determinação social coercitiva e consciente) central apenas na chamada civilização ocidental.

Assim, se a **individualização** é uma experiência universal, destinada a ser culturalmente reconhecida, marcada, enfrentada ou levada em consideração por todas as sociedades humanas; o **individualismo** é uma sofisticada elaboração ideológica particular ao Ocidente, mas que, não obstante, é projetada em outras sociedades e culturas como um dado universal da experiência humana.

É precisamente esse deslocamento sociológico, em suas múltiplas oscilações, combinações e variações, que caracteriza o mundo moderno. De fato, a chamada "modernidade" não fala apenas daquilo que é novo ou atual (como pensam alguns jornalistas e muitos cientistas políticos e antropólogos), mas diz respeito à institucionalização do indivíduo como valor englobante: um valor postulado como sendo maior (e mais inclusivo) do que a sociedade da qual ele é parte. Em outras palavras e usando a fórmula dumontiana clássica: nesse caso, a parte é mais importante do que o todo.

Se muitas das sociedades e culturas do mundo reconhecem e são capazes de institucionalizar a experiência da **individualidade** (a experiência fundamental de estar "fora do mundo" e portanto livre de obrigações sociais imperativas e rotineiras) nos papéis históricos do profeta, do líder messiânico, do mistagogo, do místico, do curador, do xamã, do feiticeiro, do bandido social, dos santos, dos caudilhos, dos peregrinos, dos mártires e, em parte, dos malandros; foi somente na civilização ocidental que a experiência do indivíduo representado como uma entidade isolada do grupo passou a ser uma instituição central e normativa.

Entre nós, portanto, o indivíduo não é somente uma parte essencial do mundo, mas é também um ser dotado de uma independência e de uma autonomia que não têm paralelo em nenhuma outra sociedade.[43] A essa altura, vale a pena salientar que, se essa problemática é marcante nas obras dos sociólogos clássicos, ela está — mesmo hoje em dia — conspicuamente ausente do trabalho dos antropólogos sociais.

— III —

LIMINARIDADE

A ideia de liminaridade liga-se ao livro de Arnold Van Gennep *Les Rites de Passage*, publicado em 1909. Haveria muito que falar sobre essa obra magistral, repleta de ideias novas e marcada por uma enorme erudição. Obra na qual, pela primeira vez, os ritos são analisados sociologicamente, sendo tomados como expressões da dinâmica social. Nele, Van Gennep rompe pioneiramente com a universalidade da fisiologia como característica dos chamados "ritos de puberdade", resgata os ritos de passagem do seu plano de estudo particular e descobre um tanto surpreso que, "dentro de uma multiplicidade de formas conscientemente expressas ou meramente implícitas, há um padrão típico sempre recorrente: o padrão dos ritos de passagem"

---

[43] Max Weber nos fez ver como a ética protestante foi essencial para pôr a religião em todos os lugares e em ajudar a transformar o "indivíduo-fora-do-mundo" numa entidade do mundo. Vale consultar *O individualismo* de Louis Dumont para uma visão elaborada desta transição a qual, inspirada em Weber, ele atribui à autonomização seriada dos domínios político e econômico do que chamamos de esfera da "religião" que, conforme já havia ensinado Émile Durkheim, englobava tudo. Charles Taylor chega, sabendo ou não, por vias filosóficas e neoevolucionistas, próximo de Dumont quando diz que no *self* moderno "pensamento e sentimento — o psicológico — estão agora confinados a mentes. Isto é coerente" — continua ele — "com o nosso desengajamento do mundo" (cf. Taylor, 1989: 186).

(cf. Van Gennep, 1978: 191). Um padrão que implicava em três fases distintas: separação, incorporação e, entre elas, *uma fase liminar*, fronteiriça, marginal, paradoxal e ambígua — um *limen* ou *soleira* —, que, embora obviamente se produzisse em todas as outras fases, era destacada, focalizada e valorizada.

Os ritos de passagem foram recorrentemente interpretados a partir dos anos 1960, sobretudo por Victor Turner e por Meyer Fortes. Pode-se discernir duas tendências interpretativas típicas desta fase.

A primeira discute os ritos de passagem como uma resposta adaptativa obrigatória quando os indivíduos são obrigados a mudar de posição dentro de um sistema. Deste ângulo, os ritos seriam elaborações sociais secundárias, cuja função seria a de aparar os conflitos gerados pela transição da adolescência à maturidade, uma passagem postulada como inevitável, difícil, problemática e conflitiva em qualquer sociedade humana. Nesta perspectiva, o foco é sempre nos jovens e naquilo que é percebido como uma arriscada e conflitiva transição dentro da sociedade.

Típica desta postura é, por exemplo, a intepretação da fase de reclusão nos ritos de passagem da sociedade Yawalapití do Xingu, realizada por Thomas Gregor, na qual, como aponta criticamente Eduardo Viveiros de Castro, fala-se de um momento no qual os imperativos sociais são relaxados e há, consequentemente, um saudável e bem-vindo retorno à velha privacidade, naquilo que seria o grato contato do indivíduo consigo mesmo. Uma privacidade, aliás, que surge claramente nas anedotas e nos relatos de campo dos antropólogos ingleses e americanos que insistem em ressaltar como os nativos deixavam pouco espaço para o gozo de sua "privacidade" (um amálgama de isolamento voluntário e individualidade). Como se o drama fundamental do trabalho de campo como um rito de passagem fosse justamente essa suspenção forçada da vida individual e a participação intensa e compulsiva num modo de existência coletivo.[44] Não é preciso acentuar que tal reação traía o peso do individualismo como um "hábito do coração", tal como essa ideologia se traduz e manifesta na cultura americana, um sistema em que o período dos 13 aos 19 anos — os anos "teens", o momento das "iniciações" na vida adulta — é sublinhado como uma fase de exacerbação da subjetividade.

Nesse contexto, vale lembrar que o impacto do livro de Margaret Mead, *Coming of Age in Samoa*, publicado em 1928 nos Estados Unidos, deve-se justamente à demonstração de que em Samoa não havia conflitos na passagem da meninice para a vida adulta. Não havia uma *teenage culture* em Samoa o que, por contraste, levava os americanos a descobrirem em casa o conceito boaseano de cultura, bem como as ideias concomitantes da força da arbitrariedade simbólica e da libertação promovida pelo relativismo cultural.

A segunda tendência interpretativa revela uma mudança de foco do plano individual para o coletivo. A par de uma impressionante e detalhada etnografia, sua novidade consiste precisamente em tomar o simbolismo dos ritos de passagem como uma dramatização de valores, axiomas, conflitos e contradições sociais. Trata-se de mostrar que o ponto de vista deslocado, salientado na liminaridade, não configurava situações, processos ou papéis meramente pecaminosos, patológicos e criminosos, mas são inerentes à própria sociedade humana. Como

---

[44] Apreciei essa reação anglo-saxônica ou "ocidental" ao que seria uma avassaladora e deplorável coletivização nas observações marginais e introdutórias de Evans-Pritchard no seu livro sobre os Nuer, de Lévi-Strauss em *Tristes trópicos,* de Chagnon entre os Ianomâmi e de Maybury-Lewis entre os Xavante (cf. DaMatta, 1981a: 169). Viveiros de Castro observa o mesmo ponto no trabalho de Thomas Gregor no Xingu, todo ele contaminado por um individualismo implícito e inconsciente.

sempre, a descoberta da positividade dos estados liminares e a discussão de sua importância como elemento essencial da constituição da própria sociabilidade colocavam em crise os modos tradicionais de discutir o marginal como um estado potencialmente criminoso, bem como o desvio como pré-patologia ou perversão. Ademais, ela abria a possibilidade de enfatizar a "licença ritual", esses momentos especiais opostos às prescrições político-legais, nos quais a sociedade se permitia ler a si própria de ponta-cabeça. Algo sem dúvida difícil de discutir num sistema que institucionalizou a mediocridade como norma e desenvolveu uma verdadeira alergia relativamente a tudo que escapa de suas agendas e rotinas explícitas, como é o caso dos Estados Unidos.

— IV —

LIMINARIDADE E INDIVIDUALIDADE: UM ARGUMENTO PRELIMINAR

Descobri a possibilidade de relacionar liminaridade e individualidade quando me dediquei ao estudo do Brasil como nação (como os economistas, historiadores e cientistas políticos sempre fazem), mas também do Brasil como um sistema social ou sociedade (o que é outra coisa).

No meu caso, mais especificamente, tratava-se de discutir práticas e valores sociais que coexistem e, às vezes, opõem-se aos valores da nação, engendrando coletividades características, marcadas pela dissonância, pelo hibridismo e pelo diálogo nem sempre cordial entre o código nacional (cívico, burguês e capitalista do Brasil como nação ou país — a sua "realidade oficial") e o seu quadro de valores lido como não modernos e até mesmo, como é o caso de muitos Estados nacionais, "antimodernos" (tanto que seus valores cotidianos têm sido associados, com inspiração em Alberto Torres, a um "Brasil real" — um Brasil mais "concreto" do que aquele formalmente desenhado pelas leis e pelas instituições oficiais, que seria um "Brasil legal", porém ideal e falsificado).[45]

Foi, pois, sob a luz dessa distinção que realizei uma crítica da literatura antropológica padrão sobre o conceito de liminaridade. Minha questão se apresenta em dois blocos críticos.

O primeiro bloco nasce de uma releitura das interpretações da liminaridade apresentadas nos ensaios seminais de Victor Turner, Mary Douglas e de Edmund Leach, para ficar com a trindade aí estudada no campo dos estudos simbólicos. O que mais chama a minha atenção na obra desses mestres é a sua leitura da *liminaridade* como algo invariavelmente paradoxal, ambíguo e, no limite, perigoso e negativo; isto é, como um estado ou processo que desafia um sistema de classificação concebido como fixo, indiscutível — construído por categorias isoladas. Enfim, algo que — tal como ocorre com a concepção de sociedade puritana e com os esquemas burgueses dos quais esses autores são parte — não admite o mais ou menos, a indecisão, o adiamento e, acima de tudo, o hibridismo — ou seja: a ausência de compartimentalização e de indivisibilidade.

Para esses antropólogos, o ambíguo seria todo objeto, ser ou instituição situado simultaneamente em dois campos semân-

---

[45] Essa perspectiva relativiza criticamente uma situação recorrente nos estudos brasileiros, ultrapassando as análises baseadas em tipos institucionais acabados e essencializados — "democracia", "feudalismo", "subdesenvolvimento", "mercado" etc. —, bem como num evolucionismo um tanto infantil, pronto a afirmar que o "Brasil é um país ainda na infância", daí as suas dificuldades com o quadro institucional burguês e moderno, constituído por países "mais velhos", "mais adiantados" e "mais maduros" ou "experientes".

ticos mutuamente exclusivos. É tudo o que tem propriedades multivocais e contraditórias, como o pangolim de Mary Douglas, o animal doméstico de Leach e os neófitos de Turner: aqueles noviços que contradizem o dilema Hamletiano e "são e não são ao mesmo tempo". Como ele exprimiu num ensaio memorável, repetindo o poeta vitoriano Robert Browning, os iniciandos são esses seres que estão *betwixt and between*.[46]

Meu estranhamento com esse modo de tratar a liminaridade ocorreu quando, usando os instrumentos fornecidos por essa antropologia, estudei o Carnaval brasileiro para ali descobrir o lado positivo da liminaridade. Algo que, aliás, acentuei no meu livro, *Universo do Carnaval: Imagens e reflexões* (1981), quando notei a alegria obrigatória dos estados carnavalescos caraterizada justamente por se estar *betwixt and between*, um momento especial demarcado por uma festa que simultaneamente salientava o coletivo e o individual, um ritual situado dentro e fora do mundo. E não, como queria Victor Turner (1968), em alguma manifestação de uma "antiestrutura" ou de algum sentimento destinado a negar a sociedade lida, conforme ele a concebia, como um conjunto de posições fixas — dentro daquele "legalismo" antropológico que tanto caracterizou a antropologia social de Radcliffe-

---

[46] O qual desenha no poema "Bishop Blougram's Apology", publicado no livro *Man and Woman*, em 1855, a ambiguidade como o elemento mais fascinante da condição humana, afirmando:
   Nosso interesse está na margem perigosa das coisas.
   O ladrão honesto,
   O homicida compassivo,
   O ateu supersticioso,
   A mulher de reputação duvidosa que ama e salva sua alma em novos livros franceses.
   Nós ficamos observando, enquanto eles se mantêm em equilíbrio,
   Acompanhando a vertiginosa linha intermediária.

-Brown, de Meyer Fortes e de Max Gluckman — ou como uma casa, à la Van Gennep.

Mas estudando essa festa que, entre outras coisas, estimula a disputa, mas doma, aristocratiza e hierarquiza a competitividade, fazendo com que ganhadores e perdedores se liguem entre si como grupos e entidades especiais. Festa, ademais, na qual se adotam tecnologias burguesas de criação identitária, mas produz um sistema ideológico antiburguês e antipuritano, como a glorificação do feminino, do hedonismo, da sensualidade, do erotismo aberto e público, do sexo sem reprodução (na exaltação da analidade e da homossexualidade). Festa, enfim, que abre, numa sociedade obcecada em tomar o chamado trem da modernidade e do capitalismo, uma brecha que rejeita agendas e controles, pois o Carnaval, como revelou Mikhail Bakhtin (1987), se constrói pela suspensão temporária do senso burguês, sendo a fim da loucura, do descontrole, do exagero, da caricatura, do grotesco, do desequilíbrio e da gastança. Festa, finalmente, que faculta "entrar" num bloco, escola ou cordão para relativizar velhas e rotineiras relações e viver novas identidades que possibilitam leituras inovadoras do mundo. O que permite adquirir — tal como acontece com os sábios, anacoretas, xamãs, feiticeiros e renunciadores tradicionais — um conhecimento novo e diferenciado da sociedade e de si próprio.

Como, então, tomar o *limen* e o paradoxal como negativo em sistemas relacionais, como o Brasil — uma sociedade feita de espaços múltiplos, na qual uma verdadeira *institucionalização do intermediário* como um modo fundamental e ainda incompreendido de sociabilidade é um fato social corriqueiro? Como ter horror ao intermediário e ao misturado, se pontos críticos de nossa sociabilidade são constituídos por tipos liminares como o mulato, o cafuzo e o mameluco (no nosso sistema de classificação racial); o despachante (no sistema burocrático); a(o) amante (no sistema amoroso); o Santo(a), o orixá, o "espírito" e o purgatório (no sistema religioso); a reza, o pedido, o pistolão, a cantada, a música popular, a serenata (no complexo sistema de mediação que permeia o cotidiano); a varanda, o quintal, a praça, o adro e a praia (no sistema espacial); o jeitinho, o "Você sabe com quem está falando?", a "carteirada" e o "pistolão" (nos modos de lidar com o conflito engendrado pelo encontro de leis impessoais com o prestígio e o poder pessoal); a feijoada, a peixada e o cozido — comidas rigorosamente intermediárias: entre o sólido e o líquido — no código culinário; a bolina e a "sacanagem" (no sistema sexual). Isso para não falar das celebridades inter, trans, homo ou pansexuais — que, entre nós, não são objetos de horror ou abominação (como ocorre nos Estados Unidos), mas também de desejo, curiosidade, fascinação e admiração.

Tudo isso levou-me a repensar o ambíguo como um estado axiomaticamente negativo.

O segundo bloco crítico se relaciona ao modo pelo qual a liminaridade é caracterizada sobretudo na obra de Victor Turner, o estudioso que mais se preocupou com esse fenômeno, fazendo dele um instrumento de entendimento de muitas situações sociais por meio do conceito de "communitas" e de variantes como "liminoide".

Por que, deve-se inicialmente questionar, o "liminar" é fruto de tanto mistério, ambiguidade e perigo nas sociedades tribais? Por que a fase de transição é a mais intrigante e a que apresenta um simbolismo mais rico e dramático nos ritos de passagem?

Para Turner, Leach e Douglas, a liminaridade é especial porque ela engendra uma ambiguidade classificatória. Ampliando essa ideia, Turner, no seu ensaio clássico publicado em 1964, adiciona outras dimensões sociais que salientam uma iniludível visão tipológica e relativamente estática do assunto. Para ele, os estados liminares se caracterizam pelos seguintes fatores:

1. evasão da estrutura jurídico-política cotidiana, das classificações cognitivas fundadas na lógica do isso ou aquilo, uma coisa ou outra — no princípio Aristotélico do terceiro excluído [Mary Douglas, 1966. Turner, 1974. Leach, 1961];
2. pela associação com a morte para o mundo (entre os Ndembu, o lugar da circuncisão é chamado de "lugar onde se morre") [Turner, 1974];
3. pela impureza porque os noviços transgridem (e transcendem) as fronteiras classificatórias [Douglas, 1966. Turner, 1974];
4. pela identificação com objetos e processos antissociais (fezes) ou "naturais" (lactação, parto, desmame e gestação), com a consequente associação dos noviços aos embriões e crianças de peito [Turner, 1974];
5. pelo uso de línguas secretas, estranhas e/ou especiais [Van Gennep, 1978. Turner, 1974]; pela invisibilidade social plena: com a perda de nomes, insígnias, roupas [Turner, 1974];
6. pela associação com seres bi ou transexuais como os andróginos ou com animais que estão na interseção de duas classes e sinalizariam estados negativos ou abomináveis [Douglas, 1966. Turner, 1974. Leach, 1961];
7. pelos ordálios como a circuncisão, a subincisão, a supressão do clitóris, a exposição prolongada ao frio ou testes físicos impossíveis nos quais o fracasso é ridicularizado, bem como pela resposta a enigmas, adivinhações e resistência a punição física [Turner, 1974].

Para Turner e para os outros mestres desta verdadeira "antropologia da ambiguidade"[47] a lista sugere, entre outras coisas, um estado de "regressão" coletiva no qual os indivíduos perdem sua consciência de compartimentalização, autonomia e interioridade, para se transformar em matéria-prima a ser moldada de acordo com certos valores sociais. Para ele, esse processo que no livro *O processo ritual* desemboca no conceito de "communitas" é essencialmente uma forte e singular (para não dizer, anômala) coletivização, marcada pelo contato com o que ele, usando uma expressão de Martin Buber, chama de "nós essencial", uma das dimensões mais importantes na constituição de um estado "antiestrutural", um estado destruído de individualidade e compartimentalização.

Lendo a liminaridade de modo substantivista, Turner não atina que esse processo pode variar de sistema para sistema, assumindo diferentes conotações e adquirindo sentidos diferentes. No caso do Brasil, por exemplo, uma sociedade na qual valores hierárquicos são importantes no cotidiano, a produção da liminaridade carnavalesca abre um espaço dentro do qual as pessoas podem sair de um universo marcado pela gradação e pela hierarquia, para experimentar a individualização, por meio de conjunto de escolhas pessoais, bem como pela competição.

Neste sentido, a liminaridade carnavalesca brasileira promoveria uma experiência com um "eu essencial" e não com um "nós essencial" como Turner acentua, sem atinar que com isso estava idealizando relações, uma ausência mais do que senti-

---

[47] Hoje eu tenho consciência de que essa "Teoria da ambiguidade" talvez tenha sido um momento no qual a antropologia mais se aproximou de uma teoria geral da sociedade, análoga à teoria geral dos preços e dos mercados na Economia e do ego e do inconsciente na Psicologia. A seu modo, ela exprimiu a mudança paradigmática de modelos sociais ocorrida na Inglaterra, na França e nos Estados Unidos.

da no universo liberal e individualista anglo-saxão do qual era parte.

Um processo semelhante, mas inverso, tem lugar no Mardi Gras, de Nova Orleans e em ritos de iniciação americanos, nos quais o foco vivencial exclusivo em virtude da reclusão e do isolamento relativo é uma excepcional experiência de coletivização dos noviços, simultaneamente iniciados pela renúncia de um Ego individualisticamente fabricado e marcado e, em seguida, na cega obediência aos seus superiores e mestres de ritual, quando não vivem de modo hierárquico e relacional.

As iniciações americanas seriam marcadas pela ênfase na dimensão relacional e coletiva da vida social, ao passo que as brasileiras fariam o oposto. A formulação é incipiente e talvez sofra de demasiada simetria, mas tem a virtude de mostrar como a comparação por contraste permite escapar de um funcionalismo ingênuo, no qual o sentido é atribuído a essências e não ao contexto.

Foi essa visada tipológica na qual a liminaridade era essencializada que, a meu ver, barrou outra percepção fundamental por parte de Turner. Quero me referir ao discernimento das dimensões individualizantes (mas sem individualismo) contidas nos processos liminares. Ou, em outras palavras, nas semelhanças cruciais, vigentes nas sociedades tribais, entre liminaridade e individualidade. Pois o que mais caracteriza a fase de transição dos noviços — de Van Gennep a Turner — é o fato de eles serem apartados da sociedade e postos "fora do mundo". De um ponto de vista funcional, sua posição não seria muito diferente da dos renunciadores indianos de Dumont, dos profetas de Israel de Weber, dos feiticeiros e bruxos de Evans-Pritchard, do Antônio Conselheiro de Euclides da Cunha (cf. DaMatta, 1979: Cap. V e VI) e dos heróis civilizadores das mitologias tribais.

— V —

Deixe-me, pois, terminar elaborando esse ponto que permitirá juntar processos interpretados como estáticos e anti-históricos, máquinas de reter e deter o tempo, como diria Lévi-Strauss dos ritos de passagem, e instituições historicamente dinâmicas — aceleradores do tempo como o nosso viés ocidental gosta de imaginá-las —, como a renúncia do mundo, as peregrinações, as profecias e os profetas que, num processo dialético com a sociedade, movimentam suas estruturas, partejando visões de mundo paralelas e conflitantes, desafiadoras dos valores, nela introduzem uma consciência diferenciada da moralidade e do tempo. Essas duas dimensões que são em toda parte o pano de fundo da consciência de mudança social.

Meu argumento central é o seguinte: o que caracteriza a fase liminar dos ritos de passagem é a experiência da individualidade vivida não como privacidade, castigo, acaso ou relaxamento de certas regras (pois o neófito está sempre sujeito a inúmeras regras), mas como um período de solidão. De intenso isolamento e de autonomia relativamente a um grupo tomado como dado, um coletivo perpétuo sem o qual não se pode existir. O isolamento por interesse, por acidente ou por desobediência proporciona a experiência com a individualização como um estado no qual há um confronto com todas as possibilidades e não, como reza o credo ideológico ocidental, como uma condição central da condição humana. Ou seja, a individualização dos noviços nos ritos de passagem não enveréda para o estabelecimento de uma ruptura, por meio da ênfase extremada e radical num espaço interno ou numa subjetividade paralela ou independente da coletividade; antes, pelo contrário, essa individualização é inteiramente complementar ao grupo. Trata-se de uma autonomia que não é definida como separação radical (como uma ruptura), mas como solidão, ausência, sofrimento e isolamento que, por isso mesmo, acaba promovendo um renovado encontro com a sociedade na forma de uma triunfante interdependência, quando, na fase final e mais básica do processo ritual, os noviços retornam à aldeia para assumir novos papéis e responsabilidades sociais.

Tudo se passa como se, nos ritos de passagem, a reclusão, a individualização e a invisibilidade dos noviços fossem classificadas como estados negativos. Como situações perigosas contra e antissociais as quais o estar "fora do mundo" (com sua pletora de mortificações) caracteriza o que aproxima os neófitos dos feiticeiros, dos xamãs, dos heróis civilizadores, dos profetas e de outras figuras associadas a esse estado de distanciamento da sociedade.

No caso dos índios de língua Jê, por exemplo, mitos envolvendo a aquisição de elementos civilizadores importantes, como o fogo, a agricultura e a arte de curar, são obtidos por personagens que voluntária ou involuntariamente se isolaram, tiveram experiências críticas entre a vida e a morte, e, retornando ao grupo, reintegraram-se a ele como heróis numa posição social diferenciada. O mesmo ocorre com os feiticeiros que geralmente aprendem sua magia fora do grupo (entre os Timbira, por meio do apadrinhamento de um animal) e, por isso mesmo, são socialmente reprimidos e desdenhados como egoístas, como pessoas desejosas de riqueza e motivadas por agendas próprias; por programas que o grupo não tem como ideal, pois negam o princípio básico da reciprocidade. É típico de pessoas no papel de feiticeiros ou bruxos, a passagem obrigatória do rotineiro e implícito altruísmo (onde o dar é mais importante do que o receber) para o egoísmo, cuja ética demanda o oposto, situando interesses e desejos pessoais acima dos valores coletivos.

Seja entre os Navajos de Clyde Kluckhohn, entre os Apinayé (por mim estudados) e nas mais diversas sociedades africanas, como revelam os casos reunidos por John Middleton e Edward Winter (1963), os feiticeiros são sempre caracterizados como pessoas bem-sucedidas economicamente, como não conformistas ou rebeldes. Como cosmopolitas que, voltando à aldeia, marginalizam-se, porque relativizam o agenciamento coletivo da linhagem ou das aldeias — governadas pela ética do parentesco — e passam a ter como alvo a acumulação pessoal de bens materiais; um claro sintoma de desdém pelas obrigações da reciprocidade.

Em aldeias, reitero, os feiticeiros são seres que preferem viver individualizada e egoisticamente, recusando cumprir as obrigações devidas ao parentesco, ao clã e à aldeia. Realmente, a descrição da personalidade dos feiticeiros tribais corresponde assustadoramente ao modelo de um indivíduo ou cidadão moderno, uma pessoa motivada pela riqueza, pela consciência de seu valor, pela independência de sua ação e, acima de tudo, centrada em si mesma, imersa no esplendor da sua autossuficiência e subjetividade.[48]

É curioso constatar que os pesquisadores ingleses e americanos do assunto tipifiquem a feitiçaria como um "crime" ou um "*ill-feeling*" reveladores de "sociedades com uma estrutura rígida" quando, de fato, estão lidando com uma manifestação certamente reprimida da ideologia individualista em sistemas relacionais e holísticos. Isso é patente quando, por exemplo, Laura Bohannan (1966) acentua que "a tradução mais correta para 'estudioso', sábio ou *scholar* (uma pessoa que compreende

---

[48] Uma das formas de amor mais populares nos Estados Unidos é o *self-love* — o amor de e para si mesmo. Amor que é a semente da autoconfiança e da autoestima narcisista, esses pilares da construção da subjetividade (e dos seus problemas, como viu pioneiramente Freud) no individualismo moderno.

o mundo e suas perplexidades), entre os Tiv da Nigéria, é o feiticeiro". Tal assertiva reconfirma a observação pertinente de Evans-Pritchard, segundo a qual, entre os Azande, a feitiçaria é "geralmente considerada um *traço individual* apesar de suas ligações com o parentesco" (cf. Evans-Pritchard, 1937 [1965]: 25, o grifo é meu), o que revela a associação dos feiticeiros com um individualismo que, entre os Azande, surge não como um valor, um credo ou um ideal a ser seguido, mas como uma escolha episódica, negativa e marginal. Como uma tendência capaz de engendrar seres humanos misteriosos porque são resolutamente anticomplementares. Essas pessoas fazem tudo ao contrário, desdenhando seus parentes, canibalisticamente alimentam-se dos seus companheiros de aldeia. Numa palavra, abandonando e abominando a regra de ouro da reciprocidade.

Diferentemente do caso dos renunciadores e dos profetas, porém, essa experiência dos heróis míticos e dos feiticeiros das sociedades tribais não leva a uma diferenciação ou a uma renovação filosófica ou religiosa radical ou alternativa. Tal seria o caso, de acordo com Dumont (cf. 1986) e de Weber (1971: Cap. XIII), do renunciante indiano, dos anacoretas cristãos, dos andarilhos gregos do período pré-socrático e, até mesmo, dos reformadores protestantes que põem Deus e religião em todas as esferas deste mundo.[49] Muito pelo contrário, esse estado "fora do mundo" (e para usar uma expressão de Weber: de "rejeição do mundo"), típico dos ritos de passagem e da feitiçaria, conduz a uma complementaridade e a uma interdependência inclusive corporal que se manifesta explicitamente em vários grupos. Aqui, o que está em jogo não é construir um ser psicológica e

---

[49] Sobre os gregos, já Van Gennep acentuava que uma fase importante do período de iniciação dos jovens, quando eram levados à beira do mar, denominava-se *elasis*, isto é: remoção ou banimento (cf. Van Gennep, 1978: Cap. VI).

existencialmente livre, mas moldar subjetividades cuja consciência não pode prescindir dos seus companheiros e mestres de iniciação: aqueles que o mortificaram e marcaram o seu corpo, deixando nele o testemunho de seu elo com o grupo na forma de um buraco, um corte e uma cicatriz. A rejeição do mundo, como ensinou Weber, legitima um certo "domínio do mundo em virtude dos poderes mágicos obtidos pela renúncia" (1971: 375).

O que se explicita nas iniciações tribais não é o triunfo da autonomia, do espaço interno e do isolamento, mas a glória do elo e a exaltação do retorno à aldeia como alguém que renovou sua consciência de complementaridade e o seu débito para com a sua sociedade. Como os heróis míticos que retornam à aldeia com um novo item civilizador — o fogo da onça e o arco e flecha — ou tendo descoberto algo novo por meio de uma experiência "fora do mundo" e em contato com animais ou espíritos, o clímax da experiência iniciatória não é o novo, mas o retorno. A volta às suas comunidades com o aprendizado de que os elos igualitários com os companheiros de iniciação, a intensidade das emoções e mortificações desnudadas pela experiência de isolamento são complementares (equivalentes e equilibradas) à condição de pertencer a uma rede imperativa de parentesco a qual responde a todas as suas indagações e estranhamentos intelectuais e tem como alvo ativar a dor, a cura de doença, bem como, com certeza, manter o bem-estar e aliviar o sofrimento.

Nos ritos de iniciação, os neófitos dramaticamente conjugam individualidade e coletividade. Pois neles se reafirma que o coletivo e o individual se constroem simultaneamente: sem fendas, descontinuidades ou separações. Se não fosse falar demais, dir-se-ia que ali eles entendem que o eu não existe sem o outro e que o centro dos ritos de iniciação está na descoberta (ou melhor, no desvendamento) do mistério, segundo o qual tanto a dimensão individual quanto a coletiva são construídas por um mesmo conjunto de valores e seguem juntas e não em conflito como entre nós.

Se há um denominador comum entre noviços, renunciantes, mágicos, profetas e feiticeiros, esse denominador não seria a privacidade ou a criação de uma subjetividade paralela à sociedade, uma consciência livre de peias sociais; mas seria, com certeza, a experiência *individualizante* que passa por uma visão relativizada ou carnavalizada da sociedade, em que o de dentro e o de fora, o parente e o afim, o forte e o fraco, o pobre e o nobre, o homem e a mulher, o jovem e o velho, os vivos e os mortos, os humanos e os animais se confundem e trocam de lugar, criando uma perspectiva na qual as práticas e os valores cotidianos são invertidos, inibidos ou temporariamente substituídos para logo se reencontrarem no alívio de uma complementaridade rotineira, mas agora renovada e triunfante.

Deste modo, a família (hierarquizada por obrigações fundadas em substância comum) se transforma em grupo de idade cujo componente básico é a camaradagem e a simpatia; as obrigações de casta, segmento ou classe dão lugar a uma liberdade desconhecida e à capacidade de romper com barreiras morais normalmente representadas como intransponíveis.

O resultado da experiência, entretanto, não é produzir, como ocorre entre nós, modernos, escolhas entre perspectivas, esses avatares da ideia de "progresso" e "mudança", mas de entender a sua polaridade essencial. É inegável, porém, que tanto para os iniciandos quanto para os renunciantes, profetas e feiticeiros, a vida extramundana relativiza muitos axiomas da vida coletiva: os genitores e a sexualidade são dessacralizados, o prazer e o bem-estar pessoal são sacrificados em nome de um estoicismo fulgurante, o axioma da amizade é substituído por agendas individuais muito fortes, como o uso de emblemas particulares, como a escolha de companheiros de ordálio, comidas singulares e um comportamento distinto, frequentemente caracterizado por uma intensa autoconsciência grupal. A reclusão engendra um nicho no qual todos os elos diários perdem a força, trazendo à tona a vivência do isolamento e da solidão que, no caso das sociedades tribais, recebe um sinal arriscado, perigoso e negativo.

É, sem dúvida, esse contato direto e bruto com a consciência da individualidade por intermédio da solidão que faz com que, em toda parte, os noviços sejam perigosos e recebam — como os espíritos, alguns animais e os feiticeiros — um tratamento especial.

Quero sugerir que o traço distintivo da liminaridade é a segregação acidental ou propositada de uma pessoa (ou de uma categoria de pessoas tratadas como corporação social ou mística) dos seus laços sociais imperativos, liberando-as temporariamente das suas obrigações de família, linhagem, clã ou aldeia, o que as transforma provisoriamente em indivíduos "fora do mundo". Em gente sem laços sociais que permitam sua classificação social cabal e, assim, definam suas obrigações para com a sociedade.

É essa "desclassificação" programada e ritualizada, semelhante a uma rejeição do mundo, que possibilita a constituição de uma sociabilidade inusitada e distinta, criando novas experiências fundadas numa "liberdade" nutrida basicamente por meio da experiência da individualização.

Tal como ocorre com os profetas e renunciadores, essa experiência de situar-se temporariamente fora do mundo tem — e essa é uma das principais características dos ritos de passagem — um sem-número de traços negativos. Se no caso dos renunciadores e profetas, porém, o peso da experiência pode ser sublimado e legitimado como "missão" ou "nova mensagem", criando novas perspectivas dentro de uma mesma tradição religiosa ou política, nas sociedades tribais a intenção parece ser a de marcar o potencial criador, mas negativo e, no limite, destruidor, da experiência de estar isolado.

Por isso, em muitos sistemas relacionais, ficar só é estar disponível para dialogar com fantasmas e monstros. Isolar-se é obrigatório e legítimo somente para buscar o contato com seres poderosos e letais (como acontece na *vision quest* dos ameríndios das planícies estudados por Robert Lowie [1954]); ou passar por ordálios: sofrer dor física, ter as orelhas ou os lábios furados, ser circuncidado, jejuar, ficar acordado, decorar textos etc. Situações nas quais a sociedade interpenetra o corpo dos noviços, marcando e como que dissolvendo suas pessoas,[50] seus órgãos genitais, cabeça, cabelos, braços, lábios e orelhas. Esses lábios e orelhas que, como Anthony Seeger (1980) desvendou, são — no caso das sociedades Jê — os instrumentos da boa sociabilidade: da obediência, bem como repositório de valores coletivos.

Tudo isso desvenda uma boa distância da concepção moderna de subjetividade, pois no meu entender o que os ritos de passagem revelam na sua lógica implícita ou inconsciente é a constituição de uma subjetividade gradual e interdependente; ao passo que, no nosso caso, a subjetividade é construída salientando uma interioridade — aquela "interioridade" que é a fonte central do "eu" para filósofos como, por exemplo, Taylor.

---

[50] Duas monografias sobre a noção de "eu" e de "pessoa" na Índia ressaltam bem esse ponto, pois tanto entre os Tâmil quanto na tradição do Budismo Theravada temos, respectivamente, seres marcados por substâncias fluidas e, do ponto de vista ocidental e moderno, uma contradição em termos, ou seja: *selfless persons* (pessoas sem eus) (cf. Daniel, 1984 e Collins, 1982).

Entre nós, modernos, trata-se de uma subjetividade que demanda a solidão ou que está certa — com Jean-Paul Sartre — de que o inferno são os outros e, como mostra o caso de Robinson Crusoé, jamais deixa de calcular os recursos disponíveis, não se intimidando ou desesperando pela extremada solidão.

Nestes casos, o isolamento e a solidão abrem e acentuam um intenso diálogo interior, típico do individualismo moderno. Um diálogo glorificador da autonomia, da privacidade, do autodesenvolvimento, sociocentricamente confundido, como bem ilustra Steven Lukes (1973), com a dignidade do Homem na sua estrada e heroica capacidade de permanecer *indiviso*. Esse sinal de integridade e de força de caráter.[51]

Pode-se ampliar o argumento para acentuar uma oposição bem marcada entre a individualidade (que vivencia e conceitualiza o coletivo como uma mera entidade complementar) e o individualismo (que vivencia o afastamento do grupo de modo ambíguo). De um lado, como um movimento marcado por interioridade, ignorância, desobediência e infantilidade; e do outro, como heroico e glorioso.

Num caso, a solidão serve para pensar melhor a sociedade; no outro, ela é a única maneira de pensar. Como resultado, o

---

[51] Tudo o que tem a ver com traços exclusivos, com marca distintiva e única e com uma integração sólida, sinal de que a entidade assim constituída tem fronteiras bem delimitadas. Ora, isso é o oposto da ideia de personalidade vigente nas sociedades tribais, onde o "eu" é sempre dividido em muitas partes e/ou almas. Veja a reação de Taylor relativamente ao fato de que os Buriats da Sibéria tinham três almas (Taylor, 1989: 113). Veja também a admoestação "dumontiana" de Geertz que aqui segue numa tradução livre: "A concepção ocidental de pessoa como um universo compartimentalizado, único e motivacionalmente mais ou menos integrado, um centro dinâmico de consciência, emoção, julgamento e ação, organizado numa totalidade distinta e num conjunto contrastante em relação a outras totalidades semelhantes e contra o seu cenário social e natural é, ainda que isso possa ser um fato incorrigível para nós, uma ideia um tanto peculiar dentro do contexto das culturas do mundo" (Cf. Geertz, 1983: 59).

primeiro caso conduz à interdependência; já o segundo, abre o caminho para o englobamento da sociedade pelo indivíduo compartimentalizado que tem necessidade de *liberty* e *freedom*. Liberdade é o sentimento de não ser subjugado, de fazer e viver como se deseja, mas transformada em credo e valor, que no mundo moderno transforma-se em *freedom*: a motivação inalienável de ser determinado de dentro para fora que constitui o núcleo do conceito de "autonomia" conduz a uma oposição dupla entre indivíduo e sociedade. Primeiro, no conflito trivial do indivíduo contra a sociedade quando ele (ou ela) luta por seus direitos ou pela libertação dos costumes. E, em segundo lugar, quando o indivíduo, integrado por sua autoconfiança (*self-reliance*), ousadia (*boldness*), ambição (*ambitiousness*) e espírito aventureiro (*venturesomeness*), produz bem-estar social rotineiro ou revolucionário (ou ambos) por meio de sua capacidade empreendedora ou *entrepreneurship*[52] — tudo o que conduz à mudança, sempre vista como progresso e avanço. Valores nem sempre claros mesmo nas áreas da tecnologia, biologia e medicina. No campo da política, basta ler a obra de Isaiah Berlin para ver como a concepção científica do mundo culminou num irônico desastre da eugenia racista e nazista, bem como no hibridismo fascista e no comunismo stalinista e cubano; ambos assassinos de suas mais caras utopias.

Do fundo desta ideologia, faz sentido afirmar com veemência: "Eu desejo que minha vida e decisões dependam de mim e não de alguma força externa de qualquer tipo. Eu desejo ser instrumento de mim mesmo e não dos atos de vontade de ou-

---

[52] Devo parte dessas observações a Lívia Barbosa, que acentua, com sua perspicácia habitual, que o *entrepreneurship* não é um valor no Brasil. Pelo contrário, muitas dessas conotações positivas da ideia de liberdade e de *freedom* são tomadas como negativas em muitas sociedades. No Brasil, são geralmente lidas como "egoísmo".

tros homens. Desejo ser o sujeito, não um objeto; ser movido por razões, por propósitos conscientes que são meus, e não por causas acidentais que possam me afetar de fora. Eu desejo ser alguém, não ninguém; [ser] um fazedor — decidindo e não sendo decidido; ser autodirigido e não ser moldado por uma natureza externa ou por outros homens como se eu fosse uma coisa, um animal ou um escravo incapaz de atuar num papel humano, isto é, de conceber objetivos e rumos próprios e os realizar. Isto é o mínimo daquilo que significa quando eu digo que eu sou racional e que é a minha razão que me distingue como um ser humano do restante do mundo."

Lida para qualquer membro das sociedades que alguns poucos de nós estudamos, essa glorificação do isolamento e da autonomia individual poderia ser tomada como um "manifesto da feitiçaria" — ou como uma declaração de maciíssimo supremo e egoísmo. No entanto, trata-se de uma passagem escrita por Isaiah Berlin num de seus célebres ensaios sobre um dos atributos mais básicos do indivíduo como valor: a liberdade que, para Berlin, pode ser vista por meio de dois conceitos e perspectivas (cf. Berlin, 1969).

Num plano efetivamente relativizador e antropológico, entretanto, as ideias de Berlin podem ser lidas como um insuspeito sumário de uma atitude na qual os indivíduos nada devem à coletividade. Muito pelo contrário, devem — como adverte Louis Dumont — englobá-la, pois são moral e ontologicamente superiores a ela.

Já nas sociedades tribais, o alvo dos ordálios não seria criar equivalências competitivas ou abrir novos caminhos mais ou menos avançados, mas usar o isolamento como método para reafirmar interdependências entre os iniciandos e o grupo. No fundo e ao reverso, o dado mais crítico dos rituais de iniciação (e talvez a razão pela qual eles sejam em todo lugar levados a efeito) tenha a ver com essa experiência radical, e ao mesmo tempo controlada, da individualidade inexoravelmente provocada pelo afastamento da sociedade. Pois são os ritos de passagem que engendram a disciplina baseada numa estranha dialética de independência e dependência quando se mostram aos neófitos as potencialidades do isolamento radical e da individualização; ao mesmo tempo que se incute neles uma lição profunda de complementaridade. Complementaridade que faz um forte contraste com a individualidade e que nós, brasileiros, conhecemos bem como dependência, lealdade, subordinação e desigualdade, ao lado de consideração e saudade. Esses valores que nos obrigam a passar por cima das leis para favorecer os amigos.[53]

O ponto capital deste ensaio é que a liminaridade dos ritos de passagem está ligada à ambiguidade gerada pelo isolamento e pela individualização dos noviços. É a experiência de estar "fora do mundo" que engendra e marca os estados liminares, não o oposto. Em outras palavras, a liminaridade e as propriedades nela descobertas por Turner não têm um poder em si mesmas. Seu poder e seu exotismo decorrem da sua aproximação de estados individuais que fazem com que os noviços se transformem em entidades marginais.

---

[53] Não resisto à tentação de citar um trecho provocador do ensaísta mexicano Gabriel Zaid (1989) que traduzo livremente: "Uma vez pensei em escrever uma tragicomédia sobre a corrupção no México, através de um personagem incorruptível que, por sua honestidade, provoca uma desgraça atrás da outra. Seu desejo de fazer o bem causa o mal: arruína sua família, estorva desastrosamente aqueles que queria ajudar, faz com que percam o emprego, hostilizem os vizinhos e dá origem a mortes, ódios, fome, ruína. Acaba renegado por seus filhos, abandonado por sua mulher, sem amigos e expulso de sua cidade. No México 'la honestidad es tragicomica'."

É a individualidade que engendra a liminaridade. No fundo, os ritos de passagem tratam de transformar individualidade em complementaridade, isolamento em interdependência, e autonomia em reintegração feliz e solidária na rede de relações que os ordálios estabelecem como um modelo de plenitude para a vida social.

Uma palavra final deve ser aduzida a esse exercício que muitos podem achar ingênuo ou até mesmo despropositado. Afinal, sabemos todos, cada sociedade esconde dentro de si infinitos significados que sempre escapam desses exercícios gerais e ambiciosos de entendimento. Sou o primeiro a concordar com tal apreciação. Minha defesa, se defesa tenho, é a lembrança da anedota do estruturalista francês de Marshall Sahlins.

Conta ele que, estudando estátuas equestres de vultos históricos, um estruturalista radical descobriu que quanto mais importante o vulto, mais patas do cavalo, exprimindo a importância social do ator, estavam no ar.

Finda a preleção, um pós-moderno questionou desdenhosamente: — Mas ninguém anda mais a cavalo...

No que o estruturalista respondeu: — De fato, mas ainda erigimos estátuas.

Homenagem em três dimensões ao mestre Roberto DaMatta, à guisa de posfácio

Um Brasil lido por ele mesmo

PETER FRY

Normalmente a antropologia social é compreendida como a ciência que estuda outras sociedades, de preferência através da convivência com esses "outros" num processo chamado observação participante. Também normalmente atribuímos aos sociólogos e cientistas políticos (curiosamente os únicos cientistas nas ciências sociais) a tarefa de analisar a nossa própria sociedade. Mas, como jovem aluno do curso de antropologia social na Inglaterra na década de 1960, apreendi que embora a antropologia se definisse como sendo o estudo de "outras culturas", título de um livro de introdução à disciplina de John Beattie escrito em 1966, era também, e talvez sobretudo, um exercício em aprofundar o conhecimentos da nossa própria vida social.

Lembro-me de uma aula de Edmund Leach na qual comparou e contrastou a teoria dos Trobriandeses sobre a reprodução humana que não reconhece uma relação entre relação sexual entre marido e mulher e a gravidez com a doutrina cristã do nascimento virgem. A aula veio para colocar uma espécie de ponto final glorioso no meu processo de questionamento das premissas da educação religiosa que recebi no meu colégio anglicano. Acrescentando a isso a leitura de obras como *Adolescência, sexo e cultura em Samoa* (1928) e *Crescendo na Nova Guiné* (1930) de Margaret Mead, que se constituíram como contundentes críticas ao puritanismo anglo-americano em relação ao sexo, me dei conta de que a antropologia social, uma sociologia da comparação, nas palavras de A. R. Radcliffe-Brown, teria um potencial mais forte que a sociologia e a ciência política para revelar os sentidos profundos da constituição das sociedades do ocidente. E não foi apenas Edmund Leach e Margaret Mead que trouxeram os achados antropológicos para iluminar as especificidades das nossas vidas sociais. Na Inglaterra da minha infância antropológica havia outros, entre eles Max Gluckman, Mary Douglas e Victor Turner, para nomear apenas três. Gluckman se inspirou na etnografia africana para iluminar especificidades no ordenamento das relações sociais em nossa sociedade no seu *Ensaios sobre o ritual de relações sociais*, de 1966. Douglas revelou as características e a lógica das nossas concepções de sujeira e limpeza no seu *Pureza e perigo* no mesmo ano, enquanto Turner partiu da riqueza da etnografia e análise dos ritos de passagem, sobretudo na África, para revelar em *O processo ritual*, de 1970, a importância de estudar situações de liminaridade em nossas sociedades. Todos esses autores ganharam a sua legitimidade de antropólogos através dos seus estudos de "outros", mas na maturidade focalizaram sobre as sociedades às quais pertenceram.

Aqui no Brasil é Roberto DaMatta que mais segue essa tradição. Após pesquisa de campo junto a sociedades indígenas no Brasil que resultou nos seus primeiros livros, *Índios e castanheiros*, de 1967 (em coautoria com Roque Laraia), e *Um mundo dividido: a estrutura social dos índios Apinayé*, de 1976, ele embarcou numa aventura antropológica para descobrir, nas palavras de um título do seu livro que ganhou o Prêmio Casa-Grande & Senzala de 1984, *O que faz o brasil, Brasil?* Mas não antes de declarar que a antropologia era, na sua essência, um exercício em relativização no seu livro introdutório de 1981, *Relativizando: uma introdução à antropologia social*.

Este exercício de relativizar o seu próprio país era possível devido ao seu profundo conhecimento da antropologia geral e dos trabalhos do antropólogo francês Louis Dumont em particular, cujo trabalho conheci através dos textos de Roberto DaMatta. Dumont tinha revelado os fundamentos do individualismo no Ocidente através do seu estudo etnográfico do sistema de castas hierárquico na Índia em três livros: *Homo Hierarchicus: o sistema de castas e suas implicações*; *Homo aequalis: gênese e expansão da ideologia econômica*; e *O Individualismo: uma perspectiva antropológica da ideologia moderna*, de 1966, 1977 e 1983 respectivamente.

No caso de DaMatta, sua própria experiência de vida era igualmente fundamental. Não apenas pela sua pesquisa de campo entre os Apinayé, mas também por ser nascido e criado em Niterói numa família oriunda de Manaus, ter estudado no Museu Nacional e por ter passado pelo menos duas décadas de observação participante sobre a vida social dos Estados Unidos da América, como estudante de doutorado na Universidade de Harvard e como professor na Universidade de Notre Dame.

Aqui não é o lugar de listar e analisar a vasta produção de Roberto DaMatta durante a sua procura pela alma do Brasil — isso requereria um outro livro —; aqui é o espaço de apenas observar que os três ensaios neste livro talvez sejam os que de forma mais clara expressam a maneira pela qual ele procura explicitar as particularidades do Brasil, sempre na corda bamba entre um desejo formal de ser uma democracia liberal ocidental fundada na igualdade de todos perante a lei, e a pujança informal dos imperativos hierárquicos e aristocratizantes, resquícios da monarquia e escravidão, ambos repudiados formalmente apenas no tempo dos nossos avós e bisavós. São estes que tornam possível o "você sabe com quem está falando?" e tudo o que esse ritual de autoridade significa como expressão do Brasil como Estado nacional republicano e como cultura de alma aristocrática.

Ele nos trouxe a "boa-nova"

YVONNE MAGGIE

Difícil falar do mestre. Minha amizade com Roberto DaMatta ao longo de mais de quarenta anos não me deixa mentir sobre minha admiração e gosto pelo seu pensamento e por sua obra. Ambos me tocaram no início da minha formação e me tocam ainda hoje. Para não correr o risco de cair na cilada do elogio fácil, optei por contar o meu encontro com aquele que nos trouxe a "boa-nova".

Nas últimas semanas, me preparando para escrever algumas linhas sobre o novo livro do antropólogo e amigo — *Você sabe com quem está falando? Estudos sobre o autoritarismo brasileiro* —, reli muitos de seus escritos, e, acessando o mundo virtual, vi muitas entrevistas e ouvi outras tantas palestras para audiências diversas. Pude assim, mais uma vez, constatar minha impressão de jovem estudante quando fui sua aluna e orientanda.

Meu mestre realizou a proeza de popularizar uma ciência que, no meu tempo de estudante universitária, não saía das salas empoeiradas dos "Gabinetes de antropologia", onde se reuniam os professores da disciplina.

Roberto DaMatta apresentou uma nova forma de pensar, de escrever e de pesquisar a partir da crença de que é possível entender o outro, descrevê-lo e assim exercer "o ofício de etnólogo, ou como ter *anthropological blues*", dando ênfase à sociedade e não apenas às instituições formais ao descrever situações ou eventos e personagens reais em meio a rituais de passagem, o que levava o leitor, especializado ou não, a sentir e compreender o mundo ao seu redor.

Digo que Roberto DaMatta nos trouxe a "boa-nova" porque quando li pela primeira vez o artigo "La *panema*: un essai d'analyse structurale", publicado na *Revista L'Homme*, tomo 7, n.3, 1967, editada por Claude Lévi-Strauss, descobri que era possível escrever com simplicidade sobre temas difíceis e fazer o leitor entender e se fascinar ao mesmo tempo. Logo depois de *Panema*, Roberto começou a pensar sobre o Brasil a partir do seu *Ensaios de antropologia estrutural*, editados em 1976, que tinham um pé no estruturalismo de Lévi-Strauss e na obra de Louis Dumont e o outro na Antropologia Social Inglesa de Max Gluckman, Mary Douglas, Victor Turner e tantos outros; e o coração perto de nossos clássicos, que durante muito tempo haviam sido quase esquecidos, Gilberto Freyre sendo o mais importante, mas também Sérgio Buarque de Holanda e Paulo Prado, que o acompanham até hoje.

Roberto DaMatta dava aulas e estimulava todos os estudantes e professores no Programa de Pós-Graduação em Antropologia Social (PPGAS), os de esquerda e os de centro, os urbanos e os rurais, a se aproximarem desta antropologia que respeitava as categorias nativas, tinha a audácia de se deixar levar pelas representações nativas e estava vibrando na Inglaterra, na França e nos EUA. Uma antropologia que via o mundo buscando entender os modos de agir, pensar e sentir das sociedades estudadas e que procurava os significados de seus rituais.

Trouxe a "boa-nova" não apenas em sala de aula. Dirigia uma coleção na Editora Vozes junto com o professor Luiz de Castro Faria, na qual publicou, entre outros, Arnold Van Gennep, Claude Lévi-Strauss e Victor Turner na língua de Camões, tornando-os acessíveis ao público intelectual e estudantil brasileiro. É preciso enfatizar que tínhamos acesso a pouquíssima literatura de antropologia em português no país.

Foi assim, como seu jeito *broker* de ser, que DaMatta traduziu também o Brasil para os brasileiros como nunca antes havia sido feito. Com isso, a antropologia tornou-se atraente e DaMatta angariou amigos verdadeiros e, como todos os outros desbravadores, poucos inimigos figadais. Estou entre os amigos verdadeiros desde que o escolhi como orientador da minha dissertação de mestrado em 1972. Estabeleceu-se então uma proximidade envolta por uma espécie de timidez de minha parte e, ao mesmo tempo, de fascínio. Intuí que talvez seguindo Roberto DaMatta e sua "boa-nova" poderia ter algumas das respostas para perguntas que não tinham ainda sido feitas na nossa disciplina. Achava isso e segui o mestre na busca de compreender o que pensavam os brasileiros, o que significavam as festas, as cerimônias e os rituais. Como entender seus dilemas e, sobretudo, como redescobrir o Brasil depois do esforço modernista dos anos 1920/1930.

Ao longo do curso de 1972 aprendemos a pensar com Roberto DaMatta o carnaval como rito de passagem, e estudá-lo não na sua história, mas vendo-o como uma chave para entender nossa sociedade. Surgiu para mim, e talvez para meus colegas, o jeito de descrever e de pesquisar sem se perder no emaranhado dos eventos observados. Naquele tempo estava sendo forjada sua análise sobre o dilema brasileiro e seu entendimento do significado do malandro, do herói e do renunciante e do "Você sabe com quem está falando?". Aprendemos a pensar o ritual e, no fundo, o pensamento dos nossos interlocutores, o que costumávamos chamar de informantes, ou seja, nós mesmos.

Lembro-me bem dos encontros para discutir a minha pesquisa, constantes de 1972 a 1974, quando defendi a dissertação, muitas vezes acompanhados por Roberto Cardoso de Oliveira, o fundador do Programa de Pós-Graduação em Antropologia Social do Museu Nacional da UFRJ. Eram discussões cheias de afeto, riso e muitas ideias. Eu ficava perplexa porque parecia que as ideias haviam surgido durante a pesquisa de campo e ao mesmo tempo forjadas nos encontros na sala em frente à secretaria e ao lado dos armários repletos de ossos e vísceras preservados em formol do Museu Nacional, residência de D. João VI e da família real portuguesa desde que chegaram ao Brasil, em 1808, fugindo de Napoleão Bonaparte. O lindo edifício da Quinta da Boa Vista que desgraçadamente foi consumido pelas chamas em 2 de setembro de 2018.

Um dia cheguei desesperada para um desses encontros e disse ao orientador: "Tenho de buscar outra pesquisa, não posso continuar, o terreiro de umbanda que estou pesquisando acabou." Confiante, Roberto sem pestanejar disse: "Muito pelo contrário, agora é que seu trabalho começou." Foi uma chave de ouro que me levou ao livro *Guerra de orixá*. Tudo isso são lembranças de um Museu que não mais existe fisicamente, mas que se mantém vivíssimo na minha memória. Lembranças de um tempo da juventude, quando juntos aprendemos uma antropologia voltada para o estudo de nossa sociedade, com a crença de que podíamos entender o outro e nós mesmos.

Os ensaios reunidos neste livro *Você sabe com quem está falando? Estudos sobre o autoritarismo brasileiro* são um resumo de sua teoria sobre o Brasil e sobre nosso dilema entre hierarquia e igualdade muito bem traduzidos no rito tão conhecido do "Você sabe com quem está falando?". Rito que não está no passado, mas no centro da maneira de ser dos brasileiros. Um rito que nos envergonha e não nos deixa enganar sobre nossa angustiada ambivalência entre igualdade e hierarquia.

Os três artigos, escritos por um antropólogo que viveu no Brasil entre os Apinayé — que estudou na década de 1960 — e nos EUA, são precedidos por uma introdução que emociona pela coerência e persistência de suas ideias ou de sua teoria sobre a sociedade brasileira. Uma teoria e interpretação que, como o próprio Roberto DaMatta nos diz, só pode ser feita por alguém que ama o Brasil e não quer "consertá-lo"; que não vê erros a serem dirimidos, mas dilemas para explorar e compreender. O antropólogo e escritor, ao longo de sua existência de mais de oito décadas, não deixou de, ansiosamente, buscar entender o que nos une e nos engrandece, e o que nos separa e nos desgraça.

A antropologia precursora de Roberto DaMatta

MARIA LAURA VIEIROS DE CASTRO CAVALCANTI

Ao final dos anos 1970, *Carnavais, malandros e heróis: para uma sociologia do dilema brasileiro*, de Roberto DaMatta, irrompeu como um raio de luz no cenário das ciências sociais brasileiras. Trazia a antropologia, e com ela a cultura, os sistemas de valores e símbolos, para o centro da cena intelectual de um Brasil que sempre se almeja conhecer.

Lido com os olhos de hoje, é impressionante a atualidade e o dinamismo da interpretação então proposta pelo autor. A perspectiva comparativa e totalizadora, vinda do pleno domínio da antropologia social clássica, mostrava o dilema em meio ao qual o mundo social brasileiro se movia — e se move — num intrincado pêndulo ao longo de sua história republicana. Ora somos como que surpreendidos pela forte valência do mundo dos valores hierárquicos — onde cada qual conhece de antemão o seu lugar e as relações pessoais e familísticas imperam junto com o vezo autoritário. Ora nos vemos lutando bravamente pelos ideais democráticos, entre os quais prevalece o ideal da cidadania que torna a todos iguais perante a lei impessoal e universal.

Esses dois ideais se interligam de forma dramática na vida social brasileira e configuram o dilema desvendado pelo talento e graça da obra de DaMatta, realçados neste novo livro que reúne três de seus ensaios seminais.

* * *

Antes de comentarmos os ensaios, vale falar um pouco de seu autor, pois o escritor é professor incansável e também pesquisador disciplinado sempre a abrir novos caminhos. Entre os anos 1970 e 1980, a trajetória profissional de Roberto DaMatta realizou-se em uma instituição considerada central na história das pós-graduações em antropologia do país. Roberto DaMatta participou decisivamente da criação do Programa de Pós-graduação em Antropologia Social no Museu Nacional/UFRJ. Tendo obtido seu doutoramento na Universidade de Harvard em 1971, foi docente desse Programa até 1986, quando aceitou uma cátedra na Universidade de Notre Dame, nos Estados Unidos, na qual permaneceu até 2003. Em 2004, ingressou no Departamento de Ciências Sociais da Pontifícia Universidade Católica do Rio de Janeiro, do qual é Professor Titular.

Roberto DaMatta iniciou suas pesquisas com os povos indígenas do Brasil. *Índios e castanheiros* foi escrito em conjunto com Roque Laraia (Laraia e DaMatta, 1967), e *Um mundo dividido: a estrutura social dos índios Apinayé* (DaMatta, 1976) foi sua tese de doutorado de Harvard, publicada nos EUA em 1982. A partir dos anos 1970, com *Ensaios de antropologia estrutural* (1973), seu olhar antropológico volta-se para sociedade, a política e a cultura brasileiras como um todo. Chegamos a *Carnavais, malandros e heróis:*[54] um marco nas ciências sociais brasileiras porque é um começo tremendamente ousado e firme de uma antropologia livre de preconceitos intelectuais. Com esse livro, na busca de entendimento da sociedade brasileira, DaMatta trouxe a cultura — com suas narrativas, símbolos e rituais — para o diálogo em pé de igualdade com a

---

[54] O livro foi traduzido para o inglês em 1991 e para o francês em 1983.

sociologia, a ciência política, a história, os estudos do pensamento social brasileiro.

A partir de então, a solidez de sua formação antropológica, aliada à vigorosa capacidade de comunicação, construiu uma antropologia visceral. Traz à baila coisas que estão por vezes "bem debaixo do nosso nariz" e — que surpresa! — não havíamos nos dado conta de sua relevância sociológica. A empatia com o leitor é imediata. Com DaMatta, a antropologia transbordou os limites universitários. Fala de coisas que nos aproximam e separam, desvendadas em nosso dia a dia, em nossas festas e solenidades, em nossas artes e nossos esportes, em nossas mais simples atitudes. Fala daquilo que, como nos disse o autor numa feliz formulação, "faz o brasil, Brasil". Os títulos de seus livros sintetizam as próprias teses que apresentam: *Relativizando: uma introdução à antropologia social*; *A casa & a rua*; *O que faz o brasil, Brasil?*; *Fé em Deus e pé na tábua*; *A bola corre mais que os homens, Crônicas da vida e da morte*, entre outros. Dentro deles, por meio da talentosa prosa, estão coisas e ideias sabidamente complexas comunicadas com luminosa simplicidade.

"Você sabe com quem está falando?", o ensaio que abre este volume, era o eixo em torno do qual os três capítulos iniciais de *Carnavais* e os dois seguintes sobre narrativas literárias e populares giravam. O rito verbal que dá título ao ensaio explicitava a forte presença dos valores hierárquicos imiscuídos na trama social rotineira de uma sociedade que ontem, como hoje, luta pela democracia. Mais de quarenta anos depois de desvendado, e ganhando justa vida por si próprio, o ensaio — que focalizou de modo precursor a humilhante e intimidatória pergunta — preserva sua potência dramática e ainda nos surpreende com seu autoritarismo explícito. Como que a dizer: "Quem pode manda, quem não pode obedece." E ai de quem, subalterno, ousar pedir a uma "autoridade" os documentos exigidos a qualquer reles "indivíduo". Arrisca-se a receber "uma carteirada" que almeja colocá-lo "no seu devido lugar".

Nesse teatro social da vida cotidiana, o rito verbal faz emergir, justamente, os documentos, impessoais e universais, que trazem consigo o mundo moderno da cidadania. Ora, como desvelará o autor em "A mão visível do Estado: notas sobre o sentido social dos documentos na sociedade brasileira", o terceiro capítulo do livro, os documentos ganham sentido peculiar no mundo social brasileiro. Funcionam como uma dobradiça que serve tanto ao nivelamento quanto à hierarquização. O ensaio complementa o primeiro capítulo e converge para nossa compreensão da complicada oscilação da sociedade brasileira entre valores hierárquicos e democráticos. "Você sabe com quem está falando?" hierarquiza e separa cidadãos que, portadores dos mesmos documentos, teriam em princípio direitos iguais perante as mesmas leis. O rito verbal emerge na vivência cotidiana quando o apelo à observância de uma regra ou lei geral se vê confrontado com insidiosa hierarquia que estabelece como que gradações de humanidade entre as pessoas. E, curiosa inversão brasileira, ser então "um indivíduo" não é, como rezam os valores democráticos modernos, aquele ser dotado de razão e livre-arbítrio, um igual entre iguais, mas alguém que se vê excluído, naquela situação, de um sistema relacional a protegê-lo: um ninguém. Essa prática social que vem da rua interpela, por sua vez, o próprio Estado ou "governo", autoridade suprema, justamente o instituidor das leis e burocracias documentais. Afinal, lembremos, "Você sabe com quem está falando?" é também conhecido pelo gesto da "carteirada". O ensaio sobre os documentos oferece amplo panorama comparativo e histórico do sentido social da identidade formal e nos faz enxergar com limpidez os dramas e as contradições que compõem a relação com a documentação burocrática no mundo social brasileiro. Vamos dos despachantes à compulsão de "ter os papéis em ordem", à dolorosa constatação da imensa dificuldade em obter documentos experimentada por parte da população mais pobre. É também assustadora a grande proporção da população que não tem sequer acesso a documentos básicos de cidadania — como a certidão de nascimento e a carteira de identidade — que legitimam o portador como ser social singular. Chegamos à dura constatação de mais um ponto crítico do dilema brasileiro: ao nivelar, a maneira como a máquina estatal entra em contato com os cidadãos e o uso dos diversos documentos na prática social e institucional terminam por hierarquizá-los.

Entre os ensaios está "Individualidade e liminaridade: considerações sobre os ritos de passagem e a modernidade", um ensaio de excepcional alcance teórico. Nele, o escritor talentoso e grande comunicador que é Roberto DaMatta mostra a profundidade de seu pensamento antropológico. O ensaio dialoga com três autores da antropologia social britânica — que ele mesmo tanto contribuiu para difundir no país — Victor Turner, Mary Douglas e Edmund Leach, "a tríade sagrada dos estudos de rituais". DaMatta retoma dois de seus temas caros buscando inter-relacioná-los. O primeiro, formulado por Arnold van Gennep em 1909 em sua obra clássica sobre os ritos de passagem, é o conceito de liminaridade. Trata-se da fase intermediária dos processos rituais que levam os sujeitos de um estado social a outro, na qual não estamos "nem aqui, nem lá", ou seja, não somos mais o que éramos e não nos tornamos ainda o que eventualmente seremos. Esse conceito foi ampliado e usado com grande proveito pela antropologia social baseada em estudos monográficos, fundamentados em prolongadas pesquisas de campo na qual se enraíza a antropologia de DaMatta. O segundo é a noção de individualidade, central na tradição clássica dos estudos sócio-históricos das grandes civilizações, com a qual se relaciona o sistema de valores do moderno individualismo ocidental, do que nosso autor tirou tanto partido em sua interpretação dos dilemas do mundo social brasileiro em suas dimensões familiares, cívicas e políticas. Fazendo como que uma antropologia da antropologia, pensando teoricamente a partir do material brasileiro, DaMatta indica o viés cultural presente nas interpretações da fase liminar dos ritos de passagem pelos antropólogos antes citados. Por pertencerem a meios sociais altamente individualizados, eles tenderam a ver na liminaridade uma experiência de coletivização. Na visão acurada de DaMatta, a liminaridade dos ritos de passagem está ligada à ambiguidade gerada pelo isolamento dos noviços do meio social que os circunda. Situados simbolicamente "fora do mundo" na temporalidade excepcional do rito, os noviços ganham aguçada consciência de si. É a vivência individualizadora da experiência do "estar fora do mundo" que engendra e marca os estados liminares. Portanto, ao contrário do que supuseram eminentes teóricos do ritual, é a individualidade que engendra a liminaridade e não o contrário. Os ritos de passagem tratam de assegurar que essa experiência individualizadora se transforme em complementaridade, estabelecendo como que um modelo para a vida social plena.

A antropologia de Roberto DaMatta é precursora. Não cessa de abrir caminhos e convidar o leitor com empatia a empreender, junto com ele, aventuras intelectuais. Relativizando, comparando, vivências cotidianas transformam-se em acesso a outros mundos possíveis; estranhamos e começamos a conhecer finalmente aquilo que parecia de início tão natural. Antropologia criativa e aberta, capaz de traduzir em linguagem simples aquilo que uma sociedade pensa, vive e faz concretamente. E capaz de pôr tudo isso em movimento no exame de ritos verbais, documentos, liminaridades, racismos, narrativas literárias e populares, letras de música, fantasias de carnaval, futebol, jogo do bicho, filas, carnavais, paradas e procissões, malandros, heróis e renunciantes.

Ao mestre, com renovado carinho.

Bibliografia

ARAÚJO, Rosa Maria Barboza. "Cartórios na Cena Política", in *Dados*, vol. 25, nº 1, 1982.
AZEVEDO, Thales de. *Cultura e situação racial no Brasil*. Rio de Janeiro: Editora Civilização Brasileira, 1966.
BAKHTIN, Mikhail. *A cultura popular na Idade Média e no Renascimento: O contexto de François Rabelais*. São Paulo: Hucitec, 1987.
BARRETO, Lima. *Os bruzundangas*. São Paulo: Brasiliense, 1956.
_____. *Recordações do escrivão Isaías Caminha*. São Paulo: Brasiliense, 1956.
_____. *Triste fim de Policarpo Quaresma*. São Paulo: Brasiliense, 1956.
BARRETT, Richard. "Social Hierarchy and Intimacy in a Spanish Town", in *Ethnology*, vol. XI, nº 4, Pittsburgh: University of Pittsburgh, 1972.
BERLIN, Isaiah. *Four Essays on Liberty*. Oxford e Nova York: Oxford University Press, 1969.
BOHANNAN, Laura. "Shakespeare in the Bush", in *Natural History Magazine*, agosto/setembro de 1966.
BOUGLÉ, Célestin. *Essays on the Caste System by Célestin Bouglé. Translated with an introduction by D. F. Pocock*. Cambridge: Cambridge University Press, 1971.
CAMPBELL, Joseph. *Honour, Family and Patronage*. Oxford: Oxford University Press, 1964.
CANDIDO, Antonio. "Dialética da malandragem (Caracterização das *Memórias de um sargento de milícias*)", *Revista do Instituto de Estudos Brasileiros*, nº 8. São Paulo: Universidade de São Paulo, 1970.
CAPLAN, Jane. "'This or That Particular Person': Protocols of Identification in Nineteenth-Century Europe". In Caplan & Torpey, eds. *Documenting Individual Identity: The Development of State Practices in the Modern World*. Princeton: Princeton University Press, 2000.

CARNEIRO, Maria José. *Terra da pobreza — um estudo antropológico de uma comunidade piauiense*. Tese de mestrado apresentada ao Programa de Pós-Graduação em Antropologia Social do Museu Nacional — UFRJ — Rio de Janeiro, 1976.

CARRARA, Sérgio. "A ciência e doutrina da identificação no Brasil: ou do controle do Eu no templo da técnica", in *Religião e Sociedade*, 15, nº 1, 1990.

CASTRO, Eduardo Viveiros de. "O devido respeito". Programa de Pós-Graduação em Antropologia Social, Museu Nacional — UFRJ — Rio de Janeiro, 1974.

CASTRO, Eduardo Viveiro de & ARAÚJO, Ricardo Benzaquen de. "Romeu e Julieta e a origem do Estado", in *Arte e sociedade: ensaios de sociologia da arte*. Gilberto Velho (org.). Rio de Janeiro: Zahar, 1977.

CHAGNON, Napoleon. *Yanomamo: The Fierce People*. Nova York: Holt, Rinehart and Winston, 1968.

CINTRA, Antônio Octávio. "A política tradicional brasileira: uma interpretação das relações entre o centro e a periferia", in *Cadernos do Departamento de Ciências Políticas*, março, nº 1. Departamento de Ciências Políticas, Universidade Federal de Minas Gerais, 1974.

COLLINS, Steven. *Selfless Persons: Imagery and Thought in Theravada Buddhism*. Cambridge: Cambridge University Press, 1982.

CONRAD, Robert. *Os últimos anos da escravatura no Brasil: 1850-1888*. Rio de Janeiro: Editora Civilização Brasileira, 1975.

COULANGES, Fustel de. *A Cidade Antiga*. São Paulo: Martins Fontes, 1981.

CROZIER, Michel. *The Bureaucratic Phenomenon*. Chicago: Phoenix Books, 1964.

CUNHA, Manuela Carneiro da. *Negros, Estrangeiros: Os escravos libertos e sua volta à África*. São Paulo: Brasiliense, 1985.

CUTILEIRO, José. *A Portuguese Rural Society*. Oxford: Oxford University Press, 1971.

DAMATTA, Roberto. *Carnavais, malandros e heróis: para uma sociologia do dilema brasileiro*. Rio de Janeiro: Rocco, 1979.

_____. "Ritual in Complex and Tribal Societies", in *Current Anthropology*, vol. 20, nº 3, 1979.

_____. *Universo do Carnaval: Imagens e Reflexões*. Rio de Janeiro: Edições Pinakotheke, 1981.

_____. *Relativizando: Uma introdução à Antropologia Social*. Rio de Janeiro: Rocco, 1981.

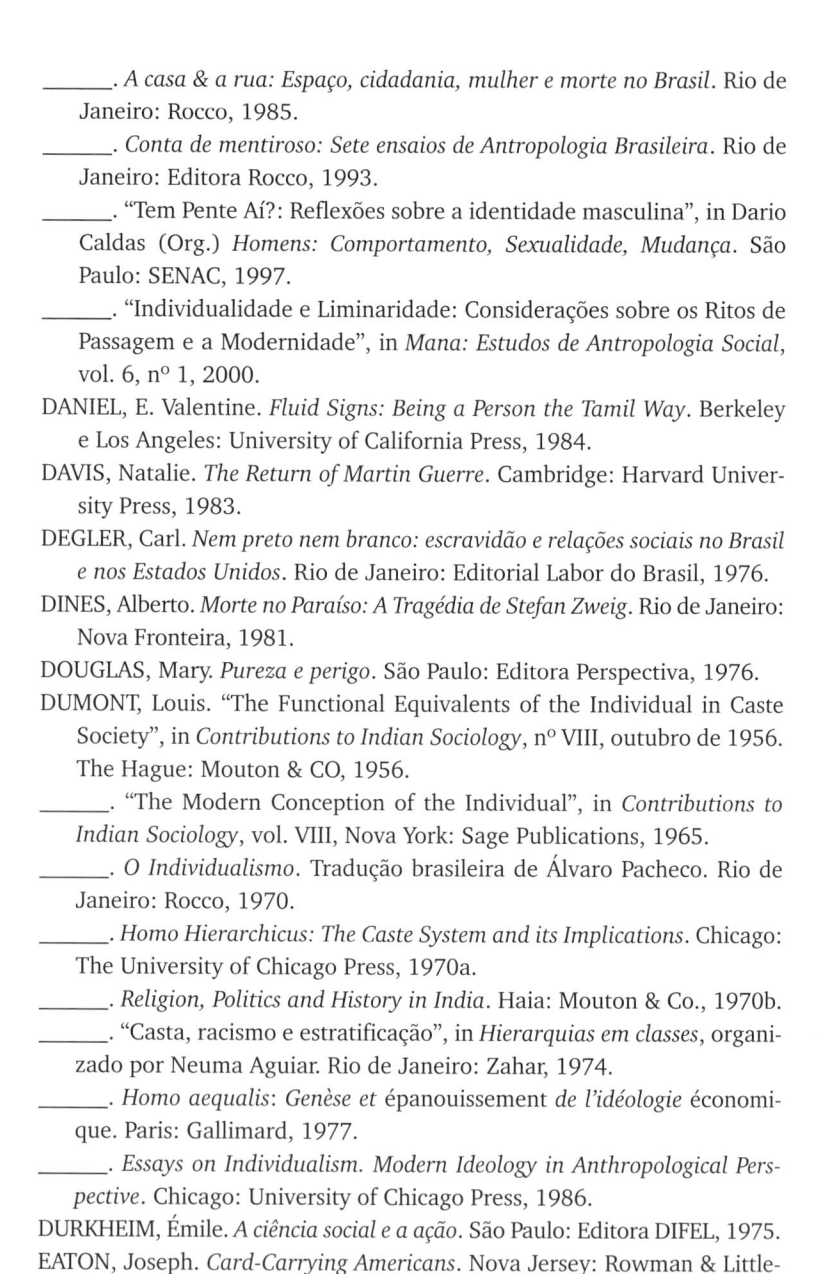

_____. A casa & a rua: Espaço, cidadania, mulher e morte no Brasil. Rio de Janeiro: Rocco, 1985.

_____. Conta de mentiroso: Sete ensaios de Antropologia Brasileira. Rio de Janeiro: Editora Rocco, 1993.

_____. "Tem Pente Aí?: Reflexões sobre a identidade masculina", in Dario Caldas (Org.) Homens: Comportamento, Sexualidade, Mudança. São Paulo: SENAC, 1997.

_____. "Individualidade e Liminaridade: Considerações sobre os Ritos de Passagem e a Modernidade", in Mana: Estudos de Antropologia Social, vol. 6, nº 1, 2000.

DANIEL, E. Valentine. Fluid Signs: Being a Person the Tamil Way. Berkeley e Los Angeles: University of California Press, 1984.

DAVIS, Natalie. The Return of Martin Guerre. Cambridge: Harvard University Press, 1983.

DEGLER, Carl. Nem preto nem branco: escravidão e relações sociais no Brasil e nos Estados Unidos. Rio de Janeiro: Editorial Labor do Brasil, 1976.

DINES, Alberto. Morte no Paraíso: A Tragédia de Stefan Zweig. Rio de Janeiro: Nova Fronteira, 1981.

DOUGLAS, Mary. Pureza e perigo. São Paulo: Editora Perspectiva, 1976.

DUMONT, Louis. "The Functional Equivalents of the Individual in Caste Society", in Contributions to Indian Sociology, nº VIII, outubro de 1956. The Hague: Mouton & CO, 1956.

_____. "The Modern Conception of the Individual", in Contributions to Indian Sociology, vol. VIII, Nova York: Sage Publications, 1965.

_____. O Individualismo. Tradução brasileira de Álvaro Pacheco. Rio de Janeiro: Rocco, 1970.

_____. Homo Hierarchicus: The Caste System and its Implications. Chicago: The University of Chicago Press, 1970a.

_____. Religion, Politics and History in India. Haia: Mouton & Co., 1970b.

_____. "Casta, racismo e estratificação", in Hierarquias em classes, organizado por Neuma Aguiar. Rio de Janeiro: Zahar, 1974.

_____. Homo aequalis: Genèse et épanouissement de l'idéologie économique. Paris: Gallimard, 1977.

_____. Essays on Individualism. Modern Ideology in Anthropological Perspective. Chicago: University of Chicago Press, 1986.

DURKHEIM, Émile. A ciência social e a ação. São Paulo: Editora DIFEL, 1975.

EATON, Joseph. Card-Carrying Americans. Nova Jersey: Rowman & Littlefield, 1986.

EVANS-PRITCHARD. E. E. *Witchcraft, Oracles, and Magic Among the Azande*. Oxford: Clarendon Press, 1965.

_____. *Os Nuer*. São Paulo: Editora Perspectiva, 1978.

EWBANK, Thomas. *Vida no Brasil: ou Diário de uma visita à terra do cacaueiro e da palmeira*. Belo Horizonte: Editora Itatiaia, 1976.

FAORO, Raymundo. *Machado de Assis — A pirâmide e o trapézio*. São Paulo: Companhia Editora Nacional: Brasiliana, 1976.

_____. *Os donos do poder — formação do patronato político brasileiro*. Porto Alegre: Editora Globo, 1976.

FORMAN, Shepard. *The Brazilian Peasantry*. Nova York: Columbia University Press, 1975.

FRANCO, Maria Sylvia de Carvalho. *Homens livres na ordem escravocrata*. São Paulo: Editora Ática, 1974.

FREYRE, Gilberto. *Vida, forma e cor*. Rio de Janeiro: José Olympio Editora, 1962.

_____. *O escravo nos anúncios de jornais brasileiros do século XIX*. Cia Editora Nacional. Brasiliana, vol. 370, 1979.

GALJART, B. "Class and 'Following' in Rural Brazil", in *América Latina*, vol. 7, nº 3, 1964.

GEERTZ, Clifford. *Local Knowledge: Further Essays in Interpretive Anthropology*. Nova York: Basic Books, 1983.

GENNEP, Arnold van. *Os ritos de passagem*. Petrópolis: Editora Vozes, Coleção Antropologia, nº 11, 1978.

GINZBURG, Carlo. *Mitos, Emblemas, Sinais*. São Paulo: Companhia das Letras, 1991.

GLUCKMAN, Max. *Politics, Law and Ritual in Tribal Society*. Chicago: Aldine, 1965.

GREENFIELD, Sidney. "Charwoman, Cesspools, and Road Building: An Examination of Patronage, Clientage, and Political Power in Southeastern Minas Gerais", in Arnold Stickon e Greenfield (orgs.). *Structure and Process in Latin America: Patronage, Clientage and Power Systems*. Albuquerque, N.M., University of New Mexico Press, 1972.

GROSS, Daniel. "Factionalism and Local Level Politics in Rural Brazil", in *Journal of Anthropological Research*, vol. 29, nº 2, The University of New Mexico Press, 1973.

GUIMARÃES, Alba Zaluar. "Sobre a lógica do catolicismo popular" in *Dados. Revista de Ciências Sociais*, nº 11, Rio de Janeiro: UERJ, 1973.

HOBSBAWM, Eric. *Bandidos*. Rio de Janeiro: Forense Universitária, 1975.

HOLANDA, Sérgio Buarque de. *Raízes do Brasil*. Rio de Janeiro: José Olympio Editora, 1973.

HUTCHINSON, B. "The Patron-Dependent Relationship in Brazil", in *Sociologia Ruralis*, vol. 6, nº 1, Wiley-Blackwell, Hoboken, New Jersey, 1966.

JAGUARIBE, Helio. *O nacionalismo na atualidade brasileira*. Rio de Janeiro: ISEB, 1958.

JESUS, Carolina Maria de. *Quarto de despejo*. São Paulo: Livraria Francisco Alves, 1960.

JORNAL DO BRASIL. Rio de Janeiro. Edições de 7 de março de 1976; 13 de maio de 1976; 23 de dezembro de 1976; 12 de novembro de 1977; 10 de janeiro de 2002.

KARASCH, Mary. *A vida dos escravos no Brasil: 1808-1850*. São Paulo: Companhia das Letras, 2000.

KENNY, Michael. "Patterns of Patronage in Spain", in *Anthropological Quaterly*, vol. 22 (1), 1960.

_____. "Parallel Power Structures in Castille: The Patron-Client Balance", in V.-G. Peristiany (org.), *Contributions to Mediterranean Sociology*, Atas da Conferência Sociológica Mediterrânea, Atenas, julho de 1963, 1968.

KUNDERA, Milan. "You're Not in Your Own House Here, My Dear Fellow", in *The New York Review of Books*, vol. XLII, nº 14, 1995.

LEACH, E. R. (Sir). *Repensando a antropologia*. São Paulo: Editora Perspectiva, 1961.

_____. "Anthropological Aspects of Language: Animal Categories and Verbal Abuse", in *New Directions of the Study of Language*, Edited by Eric H. Lenneberg, Cambridge. The MIT Press. Publicado no Brasil na *Coleção Grandes Cientistas Sociais: E. R. Leach*. São Paulo: Editora Ática, 1964.

LEEDS, Anthony. "Brazilian Careers and Social Structure: A Case History and Model", in *Contemporary Cultures and Societies of Latin America*, Dwight B. Heath & Richard N. Adams (orgs.). Nova York: Random House, 1965.

LÉVI-STRAUSS, Claude. *Tristes Trópicos*. São Paulo: Anhembi, 1956.

LIMA, Alceu Amoroso. *A realidade americana*. Rio de Janeiro: Editora Agir, 1955.

LIMA, Roberto Kant de. *A polícia no Rio de Janeiro: Seus dilemas e paradoxos*, Rio de Janeiro: Forense, 1995.

LOWIE, Robert H. *Indians of the Plains*. Nova York: McGraw-Hill Book e American Museum of Natural History, 1954.

LUKES, Steven. *Individualism*. Nova York: Harper Torchbooks, 1973.

MAUROIS, André. "O espírito americano", in *O Novo Mundo e a Europa*. Sintra: Publicações Europa América, 1969.

MAUSS, Marcel. "La Nación", in *Sociedad y Ciencias Sociales*. Obras III. Barcelona: Barral Editores, 1972.

_____. "Ensaio sobre a Dádiva", in *Antropologia e Sociologia*. São Paulo, 1974.

_____. "Uma Categoria do Espírito Humano: A Noção de Pessoa", in *Antropologia e Sociologia*. São Paulo: Editora Pedagógica/Editora da USP, 1974 [1938].

MAYBURY-LEWIS, David. *Akwe-Shavante Society*. Oxford: Clarendon Press, 1967.

_____. "Growth and Change in Brazil since 1930: An Anthopological View", in *Portugal and Brazil*, in *Transition*, (organizado por Raymond Sayers). Minneapolis: University of Minnesota Press, 1968.

MEAD, Margaret. *Coming of Age in Samoa*. Nova York: William Morrow & Company, 1928.

MELATTI, Julio Cezar. *Ritos de uma tribo Timbira*. São Paulo: Editora Ática, 1978.

MENEZES, Cláudia. *A mudança: análise da ideologia de um grupo de migrantes*. Rio de Janeiro: Imago Editora & Instituto Nacional do Livro, 1976.

MIDDLETON, John & WINTER, Edward. *Witchcraft and Sorcery in East Africa*. Londres: Routledge & Kegan Paul, 1963.

MONTEIRO, Douglas Teixeira. *Os errantes do novo século: um estudo sobre o surto milenarista do Contestado*. São Paulo: Livraria Duas Cidades, 1974.

MYRDAL, Gunnar. *An American Dilemma: The Negro Problem and Modern Democracy*. Nova York: Pantheon Books, 1962.

NABUCO, Joaquim. *Minha formação*. São Paulo: Instituto Progresso Cultural, 1949.

NELSON, Benjamin. *The Idea of Usury: From Tribal Brotherhood to Universal Otherhood*. Chicago: The University of Chicago Press, 1948.

NOGUEIRA, Oracy. "Preconceito racial de marca e preconceito racial de origem", in *Anais do XXI Congresso Internacional de Americanistas*, São Paulo, 1954.

NOIRIEL, Gérard. *La tyrannie du national: Le droit d'asile en Europe, 1793-1993*. Paris: Calmann-Levy, 1981.

PEIRANO, Mariza G. S. "Sem lenço e sem documento: Reflexões sobre cidadania no Brasil", in *Sociedade e Estado*, vol. 1, nº 1, 1986.

PITT-RIVERS, Julian. "Honour and Social Status", in J.-G. Peristiany (org.), *Honour and Shame: The Values of Mediterranean Society*. Londres: Weindenfeld and Nicolson, 1965.

POLANYI, Karl. *The Great Transformation: the Political and Economic Origins of Our Time*. Boston: Beacon Press, 1967.

PRESTON, Peter. "We have so many bits of plastic already — one more won't hurt", in *The Guardian*, segunda-feira, 1º de outubro, 2001.

QUEIROZ, Maria Isaura Pereira de. *O messianismo no Brasil e no mundo*. São Paulo: Dominus Editora & Editora da USP, 1965.

_____. "Escravos e mobilidade social vertical em dois romances brasileiros do século XIX", in *Cadernos* do Centro de Estudos Rurais e Urbanos, São Paulo, 1976a.

RADCLIFFE-BROWN, A. R. *Estrutura e função na sociedade primitiva*. Petrópolis: Editora Vozes, Coleção Antropologia, nº 2, 1973.

ROCHA, Everardo. *Jogo de Espelhos: Ensaios de Cultura Brasileira*. Rio de Janeiro: Mauad, 1996.

SANTOS, Wanderley Guilherme dos. *Cidadania e Justiça*. Rio de Janeiro: Campus, 1979.

SCARANO, Julita. *Devoção e escravidão: a Irmandade de Nossa Senhora do Rosário dos Pretos no Distrito Diamantino no século XVIII*. São Paulo: Companhia Editora Nacional, Brasiliana, vol. 357, 1976.

SCHWARTZ, Stuart. *Burocracia e sociedade no Brasil colonial*. São Paulo: Perspectiva, 1979.

SCHWARTZMAN, Simon. *São Paulo e o Estado nacional*. São Paulo: Editora DIFEL, 1975.

SCHWARZ, Roberto. *Ao vencedor as batatas: Forma literária e processo social nos inícios do romance brasileiro*. São Paulo: Livraria Duas Cidades, 1977.

SEEGER, Anthony. "The Meaning of Body Ornaments: A Suyá Example", in *Ethnology*, vol. XIV, n SCHAWRZ, nº 3, Pittsburgh: University of Pittsburgh, 1975.

_____. "O Significado dos Ornamentos Corporais", Cap. 2 de *Os Índios e Nós: Estudos sobre sociedades tribais Brasileiras*. Rio de Janeiro: Editora Campus, 1980.

SEEGER, Anthony; CASTRO, Eduardo Viveiros de & DAMATTA, Roberto. "A Construção da Pessoa nas Sociedades Indígenas Brasileiras", *Boletim do Museu Nacional*, Nova Série, nº 32. Rio de Janeiro, 1979.

SILVA, Eduardo. *As queixas do povo*, Rio de Janeiro: Paz e Terra, 1988.

SILVA, Luiz Machado da. "O significado do botequim", in *América Latina*, 12(3), 1969.

SKIDMORE, Thomas. *Preto no Branco: raça e nacionalidade no pensamento brasileiro*. Rio de Janeiro: Editora Paz e Terra, 1976.

SMITH, Thomas. *The Other Establishment*. Chicago: Regney Gateway, 1984.

STIRLING, Paul. "Impersonality and Personal Morality", in J.-G. Peristiany (org.). *Contributions to Mediterranean Sociology*, Atas da Conferência Sociológica Meditterânea, Atenas, julho de 1963, Paris: Mouton & Co., 1968.

STRICKON, Arnold & GREENFIELD, Sidney. *The Analysis of Patron-Client Relationships: An Introduction*. Albuquerque, N.M., University of New Mexico Press, 1972.

TAYLOR, Charles. *Sources of the Self: The Making of the Modern Identity*. Cambridge: Harvard University Press, 1989.

TORPEY, John. *The Invention of the Passport: Surveillance, Citizenshop and the State*. Cambridge: Cambridge University Press, 2000.

TURNER, Victor. *Schism and Continuity in an African Society: a Study of Ndembu Village Life*. Manchester: Manchester University Press, 1957.

_____. "Betwixt and Between: The Liminal Period in *Rites de Passage*, in *The Preceedings of the American Ethnological Society*. Republicado em *The Forest of Symbols: Aspects of Ndembu Ritual*. Nova York: Cornell University Press, 1964.

_____. *The Drums of Affliction: A Study of Religious Processes Among the Ndembu of Zambia*. Oxford: Clarenton Press & The International African Institute, 1968.

_____. *O processo ritual: Estrutura e antiestrutura*. Petrópolis: Editora Vozes. Coleção Antropologia, nº 7, 1974 [1969].

_____. *Dramas, Fields and Metaphors: Symbolic Action in Human Society*. Ithaca & Londres: Cornell University Press, 1974.

VAN GENNEP, Arnold. *Os ritos de passagem*. Petrópolis: Editora Vozes. Coleção Antropologia, com uma apresentação de Roberto DaMatta, 1978 [1909].

VELHO, Otávio Guilherme. *Capitalismo autoritário e campesinato: um estudo comparativo a partir da fronteira em movimento*. São Paulo: Editora DIFEL, 1976.

VERISSIMO, Erico. *A volta do gato preto*. Porto Alegre: Editora Globo, 1957.

WAGLEY, Charles. *The Latin American Tradition: Essays on the Unity and the Diversity of Latin American Culture*. Nova York: Columbia University Press, 1968.

WEBER, Max. *A ética protestante e o espírito do capitalismo.* São Paulo: Editora Pioneira, 1967.
_____. *Ensaios de Sociologia.* Tradução brasileira de Waltensir Dutra, revisão técnica de Fernando Henrique Cardoso. Rio de Janeiro: Zahar, 1971.
_____. *Economics and Society,* Berkeley: Univ. of California Press, 1978.
_____. "Parlamentarismo e Governo numa Alemanha Reconstruída", in *Coleção Os Pensadores — Weber.* São Paulo: Editora Abril, 1980.
_____. *A ética protestante e o espírito do capitalismo.* Tradução brasileira. São Paulo: Editora Pioneira, 1981.
WOLF, Eric. "Kinship, Friendship and Patron-Client Relation in Complex Societies", in *The Social Anthropology of Complex Societies.* Londres: Tavistock Publications, 1966.
ZAID, Gabriel. "La Propriedad Privada de las Funciones Publicas", in *Vuelta,* 120: 25-32, 1989.

Bibliografia Homenagem em Três Dimensões

DAMATTA, Roberto. *Ensaios de antropologia estrutural.* Coleção Antropologia. Petrópolis: Editora Vozes, 1973.
_____. *Um mundo dividido: a estrutura social dos índios Apinayé.* Petrópolis: Editora Vozes, 1976.
_____. "Introdução", in Van Gennep, Arnold. *Os ritos de passagem.* Petrópolis: Editora Vozes, 1977.
_____. "O ofício do etnólogo, ou como ter anthropological blues". *Boletim do Museu Nacional,* Nova Série, n° 27, maio de 1978. Rio de Janeiro, Brasil.
_____. *Carnavais, malandros e heróis: para uma sociologia do dilema brasileiro.* Rio de Janeiro: Rocco, 1979.
_____. *A divided world: Apinayé social structure.* Cambridge, Massachusetts: Harvard University Press, 1982.
_____. "Introdução", in Leach, Edmund. *Repensando a antropologia. Coleção Grandes Pensadores,* vol. 38. São Paulo: Editora Ática, 1983.
_____. *Carnavals, bandits et héros. Ambiguités de la société brésilienne.* Paris: Éditions du Seuil, 1983.
_____. *O que faz o brasil, Brasil?* Rio de Janeiro: Editora Sala, 1984.
_____. *A casa & a rua: Espaço, cidadania, mulher e morte no Brasil.* São Paulo: Brasiliense, 1985.

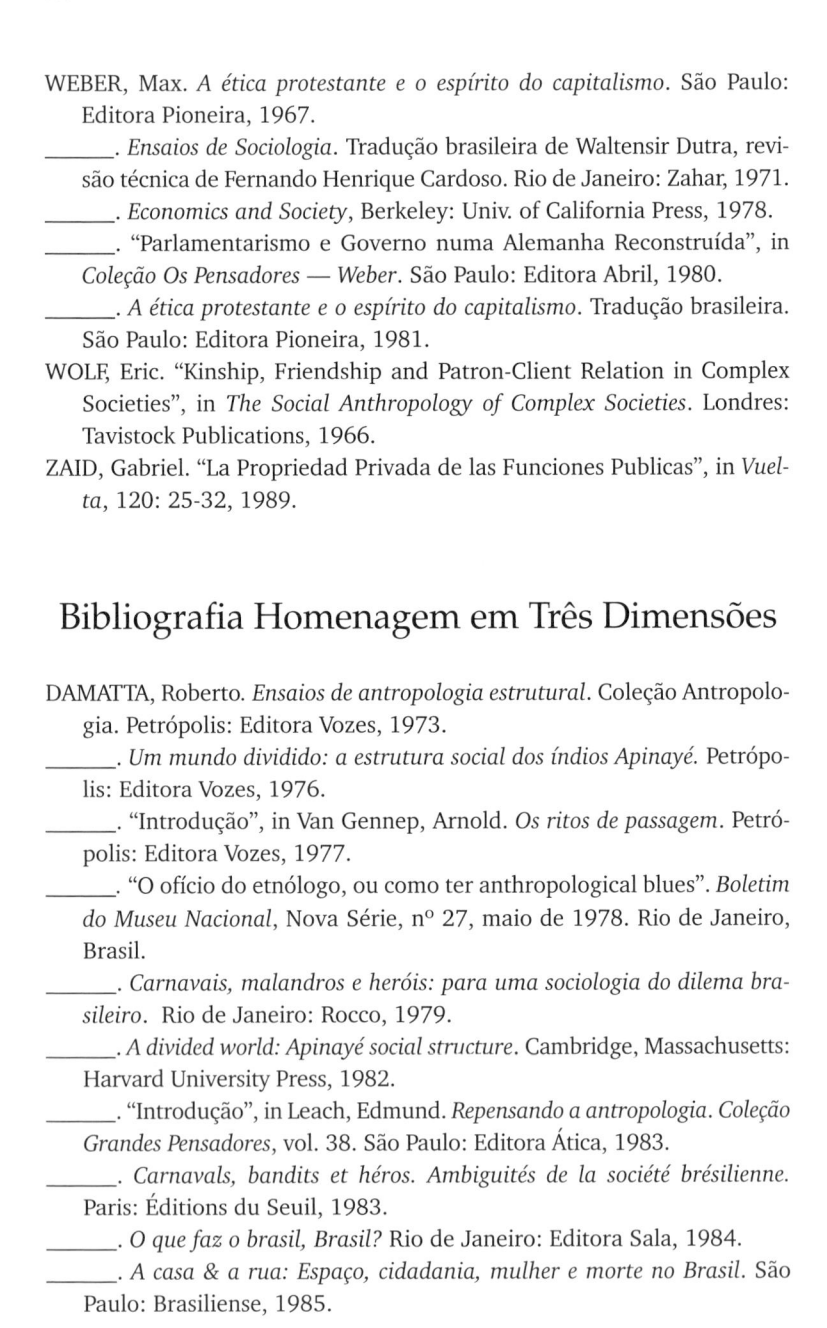

_____. *Explorações: Ensaios de Sociologia Interpretativa*. Rio de Janeiro: Editora Rocco, 1986.
_____. *Relativizando: uma introdução à antropologia social*. Rio de Janeiro: Editora Rocco, 1987.
_____. *Carnaval, rogues and heroes. An interpretation of the Brazilian dilema*. Notre Dame: University of Notre Dame Press, 1991.
_____. *Conta de mentiroso: sete ensaios de Antropologia Brasileira*. Rio de Janeiro: Editora Rocco, 1993.
_____. *A bola corre mais que os homens*. Rio de Janeiro: Editora Rocco, 2006.
_____. *Crônicas da vida e da morte*. Rio de Janeiro: Rocco, 2009.
_____. *Fé em Deus e pé na tábua: ou como e por que o trânsito enlouquece no Brasil*. Rio de Janeiro: Rocco, 2010.
DAMATTA, Roberto & JUNQUEIRA, Alberto. *Fila e democracia*. Rio de Janeiro: Rocco, 2017.
DAMATTA, Roberto & LARAIA, Roque de Barros. *Índios e castanheiros*. 2. ed. São Paulo: Difusão Europeia do Livro, 1967.
DAMATTA, Roberto & SOÁREZ, Elena. *Águias, burros e borboletas: um ensaio antropológico sobre o jogo do bicho*. Rio de Janeiro: Rocco, 1999.

Impressão e Acabamento:
LIS GRÁFICA E EDITORA LTDA.